·马克思主义研究文库·

论马克思人本质观的
实践向度

胡雨晗 丨 著

光明日报出版社

图书在版编目（CIP）数据

论马克思人本质观的实践向度 / 胡雨晗著. -- 北京：
光明日报出版社，2022.2
ISBN 978 - 7 - 5194 - 6451 - 6

Ⅰ.①论… Ⅱ.①胡… Ⅲ.①马克思主义哲学—哲学
人类学—研究 Ⅳ.①B0 - 0

中国版本图书馆 CIP 数据核字（2022）第 019189 号

论马克思人本质观的实践向度
LUN MAKESI RENBENZHIGUAN DE SHIJIAN XIANGDU

著　　者：胡雨晗

责任编辑：黄　莺　　　　　　　　责任校对：张月月
封面设计：中联华文　　　　　　　责任印制：曹　净

出版发行：光明日报出版社
地　　址：北京市西城区永安路 106 号，100050
电　　话：010 - 63169890（咨询），010 - 63131930（邮购）
传　　真：010 - 63131930
网　　址：http：// book. gmw. cn
E - mail：gmrbcbs@ gmw. cn
法律顾问：北京市兰台律师事务所龚柳方律师

印　　刷：三河市华东印刷有限公司
装　　订：三河市华东印刷有限公司
本书如有破损、缺页、装订错误，请与本社联系调换，电话：010 - 63131930

开　　本：170mm×240mm
字　　数：165 千字　　　　　　　印　　张：14
版　　次：2022 年 2 月第 1 版　　　印　　次：2022 年 2 月第 1 次印刷
书　　号：ISBN 978 - 7 - 5194 - 6451 - 6
定　　价：89. 00 元

摘　要

　　人的本质问题是马克思哲学思想的核心问题。马克思在批判和承继了前人研究成果的基础上，以历史唯物主义为研究视角，将现实存在的人及其实践活动作为研究的基石，科学地揭示出了人的本质的内涵。马克思通过对人的本质问题的探索揭示了人与动物之间的区别及不同阶级间人与人之间的区别问题，实现了从抽象的人到现实的人转变的革命性变革，为人类脱离生存的窘境、实现人的自由全面发展指明了方向。本书立足于马克思的主要文本，通过深入分析马克思人的本质观的理论渊源、思想演变历程，来系统分析马克思人的本质观的思想内核及人的本质的实现方式问题。

　　本书主要分为四章，其主要内容如下：第一章，以费尔巴哈人本学为立足点，探究马克思人的本质观的思想渊源。马克思对人的本质问题的探讨主要集中于早期阶段，即从《青年在选择职业时的考虑》到《德意志意识形态》时期。这一时期也是马克思不断地批判旧哲学（尤其是费尔巴哈哲学）、建立新哲学的思想发展过程。由此，对费尔巴哈人本学思想的梳理是探究马克思人的本质观的重要思想源头。人的本质观是费尔巴哈人本学的核心思想，它是费尔巴哈从对黑格尔思辨哲学和宗教神学抽象人性观的批判中建立起来的，并在批判的过程中发现了"现实的人"这一概念，从而开创了以"现实的人"的本质为研究对象的理论先河。费尔巴哈对人的本质的这些认识给予了马克思深刻的启迪，马克思正是在对费尔巴哈思想的批判和反思中发现了"现实的""从事感性活动的""历史的"人。

　　第二章，系统梳理了马克思人的本质观的思想演变历程。马克思人的本质思想是其哲学思想的核心，也是贯穿其整个哲学世界观生成与发展的中轴线，马克思就是在追寻人的本质的过程中发现了历史唯物主义。因此，如果要深刻地了解马克思人的本质观的理论内涵就必须对马克思各个时期的思想进行深刻解读，进而理清楚其人性思想的生成脉络。总的来看，马克思哲学思想的发展过程可以分为孕育、成型和深化三个阶段，其人的本质思想的发展过程也相应地划分为这几个阶段。首先，从《青年在选择职业时的考虑》到《德法年鉴》时期是马克思人的本质观的孕育时期。该时期，马克思在其所撰写的著作中明显反映了他是如何一步步从黑格尔"自我意识"的抽象人性观转向费尔巴哈的"感性的""现实的人"上。其次，从《1844年经济学哲学手稿》到《德意志意识形态》时期是马克思人的本质思想的成型时期，马克思正是在这一时期逐渐地打破了费尔巴哈"现实的人"的局限性，从历史唯物主义和实践观的角度创立了科学的人的本质观。最后，从《哲学的贫困》到《资本论》时期是马克思人的本质观的深化阶段。在该阶段，马克思通过对资本主义社会的发展规律和现实的社会政治斗争的考察对人的本质思想进行了深化，并指出了人的本质发展的价值旨归，即人的自由全面发展。通过这三个阶段的划分，不仅厘清了马克思人的本质观的思想演变轨迹，还清晰地勾勒出了马克思思想的整个发展脉络。

第三章，对马克思人的本质思想的理论内核，即社会实践进行深入的分析和强调。首先，社会实践是马克思认识人的本质问题的基础。马克思是以社会实践为出发点来认识人的本质的，而实践的观点也正是马克思超越西方人本主义的根本所在。其次，社会实践是马克思人的本质观的理论内核。人的三重属性，即自然属性、社会属性和精神属性都是在社会实践中生成和发展的，社会实践不仅将自在自然转变为了人化自然，也给人赋予了社会关系和创造特性。最后，社会实践是马克思人的本质思想的演进线索。马克思从历史观上将人的本质的发展过程分为了生成、异化、复归三个阶段，社会实践就是贯穿整个发展阶段的中心线索。总之，无论是从历时态还是共时态角度来看，社会实践都是马克思人的本质思想的内核。

第四章，指出共产主义运动是实现马克思人的本质的现实路径。马克思在《共产党宣言》中就明确指出，人的本质发展的最终旨归是人的解放和自由全面发展的实现，这也是共产主义运动的根本宗旨和终极目标。中国特色社会主义建设事业作为国际共产主义运动的中国方式，将人的本质实现作为价值目标，不断地解放和发展生产力、树立以人民为中心的发展思想观念、不断地深化政治体制改革、进行社会建设等，这些具有中国特色的社会主义建设实践取得了丰硕的发展成果的同时，也为实现全人类的解放和全面发展带来了重要的借鉴意义。

目 录
CONTENTS

绪 论

第一节 背景与意义

一、选题背景

马克思在《关于费尔巴哈的提纲》中对人的本质的内涵做了重要界定，即"人的本质在现实性上，它是一切社会关系的总和"，这一界定成为马克思关于人的本质思想的经典定义。仔细梳理马克思思想的整个演变历程，这个界定的核心概念"现实性的人"是马克思从费尔巴哈那里承袭而来的，但"现实性的人"在马克思与费尔巴哈那里却有着本质的区别。费尔巴哈概念里的人虽然也是现实性的人，但却是以自然为基础的现实的人，是与宗教神学和思辨哲学中的"抽象的人"相对立的人，而马克思所指的人却是在现实生活中从事社会劳动的人，他是"一切社会关系的总和"。

　　具体来讲，马克思科学的人的本质观的建立，除了受传统西方哲学中人的本质思想的影响外（尤其是费尔巴哈人本主义的影响），还有两个十分重要的现实原因。一是当马克思还是青年黑格尔派的成员的时候，彼时的德国哲学界对人及人的本质的认识受到抽象的思辨哲学的统治，以主观臆断的抽象观念来认识人和世界，现实存在的、具体的、有血有肉的人被抽象的思辨哲学所泯灭。二是当封建普鲁士被推翻之后，西方社会进入资本主义社会，在该社会状态下，人受资本所奴役，资本家变成资本的人格化，无产者成了资本的奴隶。马克思立足于现实的社会环境发现了现实的人"非人"的存在方式，即人的本质的异化状态。于是，马克思在批判思辨哲学家凭借主观臆断来创造抽象的人的错误做法时，发现了人及人类社会历史发展的规律，由此创建了唯物史观和科学的人的本质观。马克思在批判资本主义社会人的本质异化的同时，也指明了人的本质的发展方向，即人的自由全面发展。

　　马克思人的本质观是马克思哲学思想的核心内容。马克思对这一思想的论述主要集中于早期阶段，而在其后期的著作中只是以人的本质为立足点，并未直接地进行阐述。作为一名马克思主义理论的研习者，对马克思人的本质观的思想渊源、演变历程、理论内涵等进行系统、完整的梳理是学习马克思主义哲学的基本工作。

二、选题意义

　　人的本质观是马克思学说的主体概念，在马克思整个哲学体系中占有举足轻重的地位，对这一问题进行深入的分析论述，具有十分重要的研究意义，其意义主要有以下几点：

第一，认真地梳理马克思人的本质思想，以此为线索可以揭示出马克思哲学思想的理论精髓。马克思以"人的解放"为目标、以对人的本质问题的探索为立足点，关注现实的人的生存和命运。马克思并不像其他哲学家那样，仅仅忙于仰望星空，而是将哲学落到现实世界，通过"批判旧世界来发现新世界"①。马克思对现实世界的批判并不是停留于抽象的理论批判，而是建立在对现实状况的深入了解和考察的基础上的批判。只有深入现实的人的生存状态中去，才能深刻地感受到人性的实然状态。如马克思在《1844年经济学哲学手稿》中这样写道："劳动为富人生产了奇迹般的东西，但是为工人生产了赤贫……劳动生产了智慧，但是给工人生产了愚钝和痴呆。"② 这段话形象地揭示了工人阶级在资本主义社会中的生存状态，其人性处于被物、资本所压抑、奴役的状态之下，人像机器一般地存在，人的本质是畸形的、片面的。马克思正是以资本主义社会为现实背景，揭露出该社会状态下人性被压抑和奴役的生存状态，并尖锐地批判了资本主义制度的异化本质，提出了推翻资本主义制度、实现人性解放和复归的共产主义制度。因此，系统深刻地认识马克思人的本质思想的相关理论内涵，是深入了解马克思哲学精神品格的基础和前提。

第二，以实践的视角对马克思人的本质思想进行系统的阐述和

---

① 马克思恩格斯文集：第10卷［M］．北京：人民出版社，2009：7.
② 马克思恩格斯文集：第1卷［M］．北京：人民出版社，2009：158－159.

分析，有助于从整体性、全局性的视角把握马克思哲学思想的历史生成过程。马克思的思想自列宁开始，就被直接肢解成三部分：马克思主义哲学、政治经济学和科学社会主义。这种肢解模式逐渐扩展，从苏联传入其他的社会主义国家。当这些社会主义国家学科体制形成后，马克思的思想也被分割成了三个不同的学科。而不同学科的专家学者们对马克思思想的认识也仅仅局限于自己学科领域的一亩三分地上，对其他领域鲜有涉猎，尽管他们依然取得了丰硕的理论成果，但是却违背了马克思思想的初衷。马克思曾经在致恩格斯的信中就说过，"不论我的著作有何缺点，它们却有一个长处，即它们是一个艺术的整体"①，而这个"艺术的整体"的研究主题就是对人的本质问题的探讨，通过对人的本质的探讨来找到实现人性解放与人的自由全面发展的钥匙。因此，系统地梳理马克思人的本质观对于认识马克思思想的整体性具有实际意义。

第三，通过对马克思人的本质观的系统考察，可以深入揭示马克思人学思想及马克思哲学的理论精华，更鲜明地呈现出马克思思想的独特之处。人的本质问题是历时历代的哲学家都普遍关注的问题，也是哲学探讨的基本问题之一，很多哲学家都对人的本质问题进行过论述，但是都未能揭开人性的秘密。马克思从现实出发，以社会实践为立足点，不仅科学地阐述了人的本质观的理论内涵，还指出了人的本质发展的终极归宿，实现了应然与实然、动态与静态的统一。

---

① 马克思恩格斯文集：第10卷［M］．北京：人民出版社，2009：231.

第二节 文献综述

一、国内研究现状

国内对马克思"人的本质"问题的研究主要开始于"文化大革命"之后，研究的主题也主要集中在人道主义、人性论和人的异化问题上。人民大学报刊复印资料《人道主义、人性论、异化问题研究专辑》中就整理了从 1978 年到 1983 年间学界关于人的问题的研究重点，主要集中于人性、人的本质、现实的人、人的本质的异化、人性解放、人的自由全面发展等。这些问题也一直是近来学术界关注的核心议题。笔者将围绕马克思"人的本质"这一主线对近来一些主要研究成果进行简要概述。

（一）关于马克思人的本质问题的专题研究

陈志尚在《人学新论：马克思主义人学基本理论和重大现实问题研究》（以下简称《人学新论》）一书中，把"人的本质"问题作为马克思主义人学思想的核心问题进行考察。第一，他详细地对"人的本质"的概念进行界定，认为人的本质是一个多层次、多方面的概念体系，应该从现实的人、活动方式及活动条件三者统一中加以把握。第二，他对人性与人的本质范畴进行了具体的区分，指出人性与人的本质是两个不同的概念，人性是能够将人和动物区别开来的外在显性的差异，其直接表现为人所具有的各类属性，如需要、自由、社交等，它回答的是"怎么样""表现如何"的问题。而人的本质是人区别于动物的内在根据，它制约着人性的各种具体表现，回答的是"是什么""何以是"的问题。① 马克思在《资本论》之前并未对两个概念进行过严格的区分。在《1844年经济学哲学手稿》中，马克思还将人的本质看作是一种人的类特性，"一个种的整体特性、种的类特性就在于生命活动的性质，而自由的有意识的活动恰恰就是人的类特性"②。不管是人的本质还是人性，在马克思看来，它们都具有一个相同点，即都是"人的规定性"。第三，他指出人的本质主要是指人的社会实践，而创造又是实践最重要的特征，是人的主体性的重要标志，是人的本质力量的集中展现。③ 第四，从共时态和历时态的角度分析论证了人的本质所具有的现实生成性和历史发展性。

陈新夏在《唯物史观与人的发展理论》一书中，对人性与人的本质间的关系进行了全面、清晰的论述。他解释了一直以来总有人误认为马克思对人性持否定态度的原因：一是马克思所在的年代人道主义盛行，对人性的肯定理解成为社会的共识，无须反复赘言。二是马克思、恩格斯所肩负的使命是揭示社会发展的规律，并对资

① 陈志尚，等. 人学新论：马克思主义人学基本理论和重大现实问题研究 [M]. 北京：人民出版社，2015：91.
② 马克思恩格斯文集：第1卷 [M]. 北京：人民出版社，2009：162.
③ 陈志尚，等. 人学新论：马克思主义人学基本理论和重大现实问题研究 [M]. 北京：人民出版社，2015：95.

本主义的制度进行批判。因此，马克思关注的重点是现实的人的本质及其历史性与社会关系。三是后人错误地认为马克思对费尔巴哈抽象人性论的批判就是否定人性，但现实的情况是，马克思批判抽象人性论的本意是反对用人性来代替人的本质。在马克思的观点里，人性与人的本质是两个相互区别又相互联系的概念，二者是共存的，承认人的本质并不必然否定人性。

　　袁贵仁在《马克思主义人学理论研究》一书中用了一章的内容从劳动与社会关系的角度深刻剖析了人的本质问题。首先，详细介绍了马克思"人的本质"的含义，他指出人的本质是人本身所固有的，是深藏于人的内部、比较稳定和相对不变的。其次，他指出人的类特性就是劳动。作为人与动物相区别的特性，劳动不但是人的类特性形成的基础，也是认识人的特性的依据。此外，人的三重属性，即自然属性、社会属性、精神属性都是依靠劳动而统一起来的。离开劳动，人拥有的这三重属性的科学性就无法得到证明。再次，论述了人的本质是社会关系的总和。"各个人借以进行生产的社会关系，即社会生产关系，是随着物质生产资料、生产力的变化和发展而变化和改变的"[①]，而由"社会关系的总和"所决定的人的本质也不会是静止的，它会在生产力和生产关系的矛盾运动中不断地变化和发展。最后，马克思对"人的本质"的完整论述。关于人的本质问题，马克思有两种说法，即劳动和社会关系。这两种说法间究竟是怎样的关系？袁贵仁在书中指出，劳动是人的本质的说法虽然正

---

① 马克思恩格斯文集：第 1 卷［M］．北京：人民出版社，2009：724.

确，但是完整地看却是不全面、不充分的。"人的本质是劳动"需要具体化为"人的本质是社会关系"，"人的本质是社会关系"又是以"人的本质是劳动"为前提的，因为劳动是社会关系的源泉，劳动创造社会关系，社会关系也反过来制约着劳动。劳动和社会关系作为人的本质，它们各有侧重，相互联系，从不同的角度全面地展示了人的本质。

余明在《人的本质》一书中从六个方面深刻分析了人的本质问题。一是揭示了人的本质的形成及其内涵，并详细地论述了本质与现象、思维、美、性欲等的相互关系。在余明看来，人的本质是感性思维与理性思维的总和，感性思维是动物或人与他物的直接联系，或者说是与环境直接联系的产物；而理性思维实际上是改造自然、创造万物的能力，它产生于感性思维和本质，是动能的一种表现，所以，理性思维才是决定人的本质的基本因素。此外，余明还具体地从美、性欲等具体的角度阐释了人的本质与动物的本质的区别。他认为，动物和人一样，都有对美、性欲等的追求，但不同的是，动物对美、性欲的追求是出于感性思维能力的支配，而人是受理性思维能力所控制，人的任何行为活动都是被自身本质所主宰的，而人的本质就是对物质享受和精神享受的无限追求，也就是说人在追求自身本质的活动中既包含了对物质享受的动能，也包含了对精神享受的动能。二是物质享受。作者从原始的物质享受、自觉的物质享受、物质享受的无限性三个方面探讨了该问题，认为人之所以为人，是因为人的存在并不是为了能够生存，也不是为了存在而存在着，而是为了享受而存在着，人类正是在不断追求享受的过程中逐渐从低级发展到高级的。① 三是精神享受。精神享受是贯穿于整个精神生活的内在目的，它决定着精神活动的规律，支配着精神活动的方向。而人们对精神享受的追求也是一个不断发展的过程。在不同的发展阶段中，人追求的享受对象也有所不同。最初级的精神享受追求主要以物质享受为基础。第二个精神享受对象就是艺术，这种精神享受产生于同艺术品的联系。第三个精神享受对象是人本身，即通过人的社会性获得外界的称赞与爱慕。四是人的本质规律。余明指出，人的本质规律体现在物质享受与精神享受之间的关系上，物质永远是第一性的而精神是第二性的，人是先追求物质享受，再去追求精神享受。人的本质规律首先是由人与自然的关系决定的，其次是由世界的发展规律决定的。因此，无论是人性的善与恶、法律与道德，还是社会关系及国际关系的发展都是由人的本质规律决定的。五是劳动。与马克思将劳动视作人的本质不同，余明认为人的本质是享受（物质享受和精神享受），而劳动是作为人实现自身本质的手段而存在的。六是社会关系。余明指出，社会是人的本质行为的产物，因为本质的实现是整体人改造自然的结果，单个人的力量是有限的，甚至单个人很难与凶猛的兽类共存自然界。所以，社会关系是为本质服务的，而本质又是人与人关系的主宰和目的。此外，余明将社会关系分为两类，即物质关系和精神关系。他分别从意识与存在、民主制度两个方面详细介绍了这两类社会关系之间的规律。余明在《人的本质》一书中，从人性的角度来规定人的本

① 余明. 人的本质 [M]. 汕头：汕头大学出版社，1997：31.

质，将人性与人的本质混为一谈，而马克思是从社会实践与社会关系中来认识人的本质的。可见，余明对人的本质的认识并不具有现实性特征。

（二）"人的本质"问题的相关研究

关于人性的研究。人性是一个常谈常新的话题，自古希腊罗马哲学将人性观等同于世界观开始，关于人性的问题就始终是哲学研究永恒的主题。现代学者周国平在《人性的哲学探讨》一书中从六个方面对人性问题进行了详细解读。第一，他陈述了哲学中的人性的概念，并对人性在哲学中的位置进行了全方位的分析。第二，他将哲学史中的人性分为三种类型进行梳理，分别是自然主义人性观、理性主义人性观和非理性主义人性观。第三，他从人的活动的角度对人性进行了详细分析，并指出现实的人及其活动是历史唯物主义人性观的出发点。[①] 第四，分别从人的社会本质及人的生物本性两个角度论述各自在人的发展中的作用。第五，指出了理性与非理性、意识与无意识在人性中的位置。第六，从方法论角度指出了人性的若干理论问题。

关于"现实的人"的研究。陈志尚在《人学新论》一文中从三个角度对"现实的人"进行了论述。首先，详细地介绍了马克思是如何通过对思辨哲学家黑格尔、费尔巴哈、施蒂纳及鲍威尔的"抽象的人"的批判，发现了"现实的人"。其次，他指出了马克思从

---

① 周国平. 人性的哲学探讨［M］. 北京：生活·读书·新知三联书店，2016：124.

"抽象的人"转向"现实的人"的思想理路，马克思的这个转变与从思辨哲学转向旧唯物主义，进而又转向辩证唯物主义的世界观的转变过程有关。再次，陈志尚还揭示了马克思对"现实的人"的五重规定：现实的人是有生命的感性存在；现实的人是处在特定的物质生活条件下的人；现实的人基本的活动方式就是从事物质生产活动；现实的人拥有特定的社会关系；现实的人是处在一定社会历史之中的人。① 马克思的五重规定之间相互联系、彼此依存，共同构成了"活生生的人"。王晓红在其主编的《现实的人的发现——马克思对人性理论的变革》一书中对马克思"现实的人"进行了详细的论述。首先，她对费尔巴哈的抽象的人进行了揭示。其次，她对黑格尔的抽象人性观进行批判，着重讲解了马克思从抽象人性观到具体人性观的转变历程。再次，对费尔巴哈的"自然人"进行了批判，并指出马克思是如何实现从"自然的人"到"实践的人"转变的。与此同时，王晓红还直接指出了"实践的人"是从事感性的对象性活动的人，而"现实的人"也就是"在历史中活动的人"②。最后，指出马克思人性革命和实现哲学变革的成果就是发现了"现实的人"。

关于人的本质异化的研究。陈志尚在《人学新论》一书中，从四个方面介绍了该问题。具体内容可概括如下：一是对异化概念进

---

① 陈志尚，等. 人学新论：马克思主义人学基本理论和重大现实问题研究［M］. 北京：人民出版社，2015：59—60.
② 王晓红. 现实的人的发现——马克思对人性理论的变革［M］. 北京：北京师范大学出版社，2011：119—133.

行了溯源；二是对马克思《1844年经济学哲学手稿》中的异化劳动理论进行了分析，指出人的本质异化的四个阶段和方面；三是通过对《费尔巴哈论》的分析，指出人的本质异化产生的两点原因，即自然形成的旧式分工造成的社会活动的固定化、世界市场力量对个人的支配①；四是指出人的本质异化具有"暂时的历史必然性"，而生产力和交往的普遍发展是消除异化的必要条件。韩庆祥在《现实逻辑中的人：马克思的人学理论研究》一书中，从人的价值观角度对人的异化和人的解放进行了探讨，对异化劳动的性质、异化劳动理论四种形式之间的关系、异化劳动的根源、异化劳动在社会和人的发展过程中的作用这四个方面内容进行了全面的解答。

有关人的全面发展的研究。由韩庆祥、亢安毅主编的《马克思开辟的道路——人的全面发展研究》一书中，主要从四个方面对人的全面发展问题进行了论述，并将人的全面发展与社会主义初级阶段结合，从国家治理的角度提出了一系列实现人的全面发展的对策。第一，从近代以前、当代西方和马克思主义这三个阶段对人的全面发展进行了系统的历史追溯，指出人的发展与社会的发展之间的关系。第二，从概念含义、内容等方面对人的全面发展思想进行了详细的解读。第三，揭示了人的全面发展的历史过程及规律。将人类社会的发展分为三个阶段，即前资本主义社会、近代资本主义社会和共产主义社会，而与社会发展相对应的人的发展在这三个阶段呈现出三个不同的特征，分别是：原始的丰富·人的依赖·自我牺牲、

---

① 陈志尚，等．人学新论：马克思主义人学基本理论和重大现实问题研究［M］．北京：人民出版社，2015：133—134.

活动及其能力的片面发展·物的依赖·个人独立、活动和能力自由而全面发展·自由个性·个人与社会的和谐发展。当前，人的发展正处于以物的依赖性为基础的人的独立性阶段①。第四，对我国的现状进行了分析。除此之外，还指出处在社会主义初级阶段的中国应该立足于解放人、开发人的角度，现实地推进人的全面发展。青年学者万资姿在《人的全面发展：从理论到指标体系》一书中，运用定量研究、实证调查等方法对人的全面发展的各个指标体系进行了富有创新性的研究，认为人的全面发展不仅与外在的客观经济、政治、文化、社会环境、发展机遇等客观因素相关，还与人的内在发展需求及价值诉求相关，人的全面发展的实现是主客观因素共同作用的结果。

除以上内容之外，国内还有许多学者对马克思人的概念进行了解释。

二、国外研究现状

（一）马克思人的本质思想的专题研究——以乔治·马尔库什和阿尔都塞为代表

乔治·马尔库什是"布达佩斯学派"的主要成员之一，也是东欧新马克思主义的重要代表人物。《马克思主义与人类学——马克思

① 韩庆祥.马克思开辟的道路——人的全面发展研究［M］.北京：人民出版社，2005：191—213.

哲学关于"人的本质"的概念》这本不足百页的"小"书，是马尔库什早期最著名的代表作。在这本书中，马尔库什指出"人究竟是什么?"是哲学人类学最关心的问题，他以马克思的人学思想为理论背景，系统地回答了"人的本质"问题。马克思对人的本质认识的核心观点主要有：人是劳动存在物、人是社会性的存在物、人是有意识性的存在物。因此，"劳动""社会性""意识"成为人的本质所具有的共性。然而，马尔库什并不认为这三个共性完整地、具体地回答了"人的本质是什么"这一问题。恰恰相反，他认为，通过考察每一个人类个体必然具备的特性是无法淋漓尽致地揭示出人的本质的，因为现实的人类社会与人类历史中的每一位个体都是被异化了的个人，都是"抽象的人"，是被剥夺了人的本质的人。于是，马尔库什以"劳动""社会性""意识"为线索，系统地对马克思人的本质思想进行了科学的解读。首先，马尔库什指出了马克思将劳动作为人与动物相区别的"类本质"的观点的科学性。马克思以唯物自然主义为前提，回答了"人是什么"的问题，他指出"人是自然界的一部分"①，人源于自然、依赖于自然，并受自然必然性的制约，但"人不仅仅是自然存在物，而且是人的自然存在物"②。马克思关于人的问题的探索并不停留于人是自然存在物上，而是从社会历史发展的角度研究人。因而马克思认为，劳动才是人与动物的本质区别。因为"正是通过劳动，人与自然的历史关系才开始建立，

---

① 马克思恩格斯文集：第 1 卷 [M]．北京：人民出版社，2009：161.
② 马克思恩格斯文集：第 1 卷 [M]．北京：人民出版社，2009：211.

也决定了人与人的基本关系，劳动构成了整个人类生活的基础"①。
在这里，马尔库什指出，劳动是一种以满足需求作为目标的活动，
而这个目标并不是直接的，而是通过中介作用的，中介又有两种形
式：劳动和劳动工具。马尔库什从劳动工具这种中介中，推出了四
个结论。一是劳动使人创造更多的满足人类需求的物质，使生产工
具更多，消费的范围更大。二是再生产使人类拥有更多的物质对象
来满足主体的需求，作为主体的人对作为客体的自然的占有过程就
是其活动对象化的过程。三是人的生产过程也是一个开拓新领域、
不断创造新产品的过程。四是人的每一个行为都预设了一个自己的
需要，这个需要决定着人正在进行的活动。② 马尔库什指出，需要
虽然是劳动的动力，但是真正指导和决定生产的需要并不是原始的、
抽象的自然需要，而是社会性需要。人正是在满足社会性需要的过
程中实现了人的自然化和自然的人化。其次，马尔库什高度肯定了
马克思将"人作为社会性的和有意识的自然存在物"③ 的观点。马
尔库什认为，人是一种社会性的存在物，是群体和类的存在物。他
把人归结为社会性的存在物，主要包括两方面的含义，其一是人只
有与他人保持交往与接触才能过人的生活，才能成为真正的人；其
二是任何人都是社会交往和历史的产物。人的社会性的这两个方面

① ［匈牙利］马尔库什. 马克思主义与人类学——马克思哲学关于"人的本质"
的概念 ［M］. 李玉斌，孙建茵，译. 哈尔滨：黑龙江大学出版社，2011：11.
② ［匈牙利］马尔库什. 马克思主义与人类学——马克思哲学关于"人的本质"
的概念 ［M］. 李玉斌，孙建茵，译. 哈尔滨：黑龙江大学出版社，2011：18.
③ ［匈牙利］马尔库什. 马克思主义与人类学——马克思哲学关于"人的本质"
的概念 ［M］. 李玉斌，孙建茵，译. 哈尔滨：黑龙江大学出版社，2011：30.

是互为彼此成立的前提的。马尔库什指出，人类个体之间的实际关系是人作为具体的、历史的个体的关系，以物质交往和精神交往为前提。① 马克思对物质生活的描述是为了理解社会生产性的活动，从生产领域和生产行为中认识人的社会本质。

　　路易斯·阿尔都塞是法国著名的哲学家、"结构主义马克思主义"的奠基人。其在《马克思主义和人道主义》一书中，对马克思关于人的学说进行了详细论述。阿尔都塞认为，马克思的思想存在着"认识论的断裂"②，马克思关注对人的本质的研究探索主要是在其青年时期。在这一时期，马克思从社会历史的发展角度来探讨人及人的本质问题。阿尔都塞又将马克思这个时期对人及人的本质问题的探讨分为了两个具体的时间段。其一是距康德和费希特较近但离黑格尔较远的自由理性的人道主义阶段。在该阶段，马克思被迫卷入了政治斗争中，其将政治斗争建立在关于人的哲学上。其二是表现为费尔巴哈"共同体"形式的人道主义。阿尔都塞认为，费尔巴哈的人本主义对马克思的影响很大，马克思在其影响下，宣扬人的哲学，提出"人的根本就是人本身"，人的本质是"历史和政治的基础"。除此之外，阿尔都塞还指出，马克思对人的异化的思想就

① ［匈牙利］马尔库什. 马克思主义与人类学——马克思哲学关于"人的本质"的概念［M］. 李玉斌，孙建茵，译. 哈尔滨：黑龙江大学出版社，2011：34.

② 注："认识论断裂"指以马克思在 1845 年所著的两本著作《关于费尔巴哈的提纲》和《德意志意识形态》为标志，马克思在认识论上出现的断裂。1845 年之前他处于"意识形态"阶段，而在 1845 年之后便处于"科学"阶段。其中，马克思于 1840—1845 年所撰写的著作是属于青年时期的著作，而 1845 年所撰写的两本著作是属于断裂时期的著作，1845—1847 年的著作是属于成长期的著作，1857—1883 年撰写的著作是属于思想成熟期的著作。

是在费尔巴哈的影响下提出来的。而马克思关于人性异化的理论使马克思意识到只有通过革命手段，才能彻底推翻所有奴役人的现实条件。这两个阶段的思想是青年马克思的思想。除此之外，阿尔都塞还指出，马克思在1845年所提到的"人道主义"本质上就是"意识形态"，该"意识形态"又是马克思后期批判的对象，其在后期也展开了对人道主义的批判。也就是说，在阿尔都塞看来，在社会主义中搞人道主义的做法实际上是一种反马克思主义的做法。

（二）马克思人的本质思想的相关研究——以弗洛姆和鲍·季·格里戈里扬为代表

弗洛姆是法兰克福学派的主要代表人物，他在《马克思关于人的概念》中对马克思关于人的思想进行了系统而详尽的阐述。弗洛姆首先指出马克思哲学的核心概念是"现实的个人存在的问题"，并在此基础上对马克思关于"人的'本性'展现在历史之中"① 的观点进行了高度的评价。其次，弗洛姆对西方学界长久以来对马克思的相关思想的误解、歪曲等现象的原因进行了揭示。最后，弗洛姆从六个方面对马克思的人的本质思想进行了阐述。其一，对马克思的唯物史观进行了阐述。弗洛姆指出，马克思创立的历史唯物主义实质上是一种研究人们生活的现实社会的经济生活和社会生活的方法，这种研究方法的特别之处就在于，它以"现实的人和它必须生

---

① ［德］弗洛姆. 马克思关于人的概念［M］. 徐纪亮，张庆熊，译. 香港：旭日出版社，1987：1.

活于其中的经济环境和社会环境"① 作为研究的出发点,将"人"置于历史发展的动态过程中来考察和分析。而"现实的人""现实生活着的人"就成为历史活动的主体,马克思的整个唯物主义的形成过程就是围绕着对现实的人及其社会劳动为线索展开的。其二,对意识与存在的关系进行了阐述。弗洛姆认为,马克思"生活决定意识"的观点是科学的、合理的,马克思做出这样的阐述并不是说其"忘记了观念的力量",他只是反对那些"不是扎根在人和社会现实中的观念"②。其三,弗洛姆认为马克思学说的核心概念就是"人"。他借用《关于费尔巴哈的提纲》中的论述,指出人的本质在各个历史阶段下是不同的。人的本性是在生产中逐步实现的。人不仅具有社会性还具有历史性、能动性,人不仅能够认识世界,还能够改造世界。其四,弗洛姆阐述了马克思对"人的本质异化"的观点。他对马克思在《1844年经济学哲学手稿》及《资本论》中所阐述的"异化"概念进行了深刻论述,并结合当代资本主义的现实,高度评价了马克思关于资本主义条件下人被物奴役的现实根源的观点。其五,弗洛姆对马克思的社会学说进行了阐述。他认为马克思的社会学说是其从人的概念里面推导而来,因为马克思所讲的社会主义的目的和最终归宿就是人,社会主义是消除了人的异化,实现了人的本质的复归,实现了人的自由全面发展的社会,也是一个

---

① [德]弗洛姆. 马克思关于人的概念 [M]. 徐纪亮,张庆熊,译. 香港:旭日出版社,1987:14.
② [德]弗洛姆. 马克思关于人的概念 [M]. 徐纪亮,张庆熊,译. 香港:旭日出版社,1987:21—23.

"允许人得以通过克服自己的异化而实现自己的本质的社会"①。其六，弗洛姆指出，马克思的思想具有连贯性。在这一部分，弗洛姆主要针对西方学界所谗言的"两个马克思"进行的回应。西方学界有人认为，马克思的思想分为两部分，即"青年马克思"和"老年马克思"，这两个思想是对立和分割的。弗洛姆对这样的看法予以否定，他认为马克思在《1844年经济学哲学手稿》中对人的认识与后期在《资本论》中的阐述是一致的，并不是如某些人所说"抛弃了他的早期观点"②。由此可见，弗洛姆给予了马克思关于人的思想高度赞誉。

鲍·季·格里戈里扬是苏联的哲学家，他在《关于人的本质的哲学》这本书中主要以历史观的视角对人的本质思想的演变过程进行了系统的梳理，最后落脚到马克思人的本质思想上，从而证明了马克思人的本质思想的科学性、完整性和现实性。其一，结合时代背景对马克思关于人的问题进行总的叙述。首先，格里戈里扬高度评价了马克思揭示的私有制状态下人变成"非人"状态的观点。格里戈里扬指出在科学技术革命的背景下，尽管科学技术、社会生产力等都有了快速的发展，但是私有制关系依然占有主导地位，社会财富等仍表现为一种异己的、敌视人的、对个人生活起破坏作用的因素，人受制于物和力，丧失了自己的理性和宗旨。其次，格里戈

---

① ［德］弗洛姆. 马克思关于人的概念［M］. 徐纪亮，张庆熊，译. 香港：旭日出版社，1987：58—59.
② ［德］弗洛姆. 马克思关于人的概念［M］. 徐纪亮，张庆熊，译. 香港：旭日出版社，1987：64.

里扬以现代哲学的角度对马克思的人的"异化"的存在状态进行了回应。此外，格里戈里扬将以往关于人的哲学观念分为两大类："客观主义的学说"和"主观主义的学说"。这两个学说中，前者从客体的角度，将人看作一种存在物，这种存在物完全地、决定性地依赖于客观环境——宇宙、世界理性、永恒观念和本质、天命、绝对精神、按宿命论来理解的历史必然性。后者从主体"我"的角度，将人看作是完全的、基本独立的存在物。格里戈里扬认为，这两种对立角度的哲学划分加深了关于人的观念。其二，希腊的人。格里戈里扬在这部分内容中对古希腊的关于人的本质的问题进行了梳理。古希腊对人的问题的研究为各个不同时代和文明的人所关心的人的问题提供了逻辑基础。其三，基督教的人的观念。格里戈里扬讲了两点内容：从"现实的我"到"真实的你"、神的始因和善的意志。其四，近代的人。格里戈里扬以文艺复兴运动作为人学研究新的起点，对西方近代哲学界关于人的本质的问题进行了系统和详尽的梳理。其五，现代资产阶级的人的哲学。格里戈里扬认为，现代资产阶级哲学产生于资本主义总危机时期，资本主义的各种危机让人的存在问题变得愈加尖锐，尤其是人的个性的社会存在和内心精神世界方面产生了对人的奴役和异化，人的内心空虚无力且丧失了自己的本质。现代资产阶级哲学在对人的问题上表现出了两个倾向，即主观主义的人的学说和客观主义的人的学说，其中主观主义的人的学说更具优势。其六，从马克思主义的观点来看人。这部分内容既是格里戈里扬论述的重点也是本书的结论，他从人与自然、人与社会、人的历史及历史中的人等角度对人的本质进行了系统的论述，最后提出了"完整的人"的理论，格里戈里扬认为，马克思列宁哲学是一门能够考虑到人的具体情况、人的实际体力的、社会的和精神的条件的哲学，它摈弃了一切形而上学性质的思辨，从社会实践的角度将人视为精神与肉体、理智与意愿、理性与感性的具体的统一。

第三节　相关的概念

人性和人的本质问题一直是哲学界经常讨论的命题。马克思一生的哲学思想也都是围绕着人的问题展开的。马克思从剖析人的本质与人性的概念入手，创立了新的世界观和方法论。这既体现了马克思哲学与其他先驱哲学的联系与区别，也反映了马克思哲学的独特之处。马克思在其著作中同时使用了"人的本质"与"人性"两个概念，这两个概念的含义与相互关系是什么？关于这一点，学术界曾争论不休，很多人认为，人性就是人的本质，二者完全等同；也有人认为，人性与人的本质、人的特性是三个相互联系但内涵不同的概念。可见，厘清这三个概念及其相互关系是研究马克思人的本质思想的理论前提。

一、人的本质

所谓人的本质是指将人与动物及人与人区别开来的根本属性，

是人之所以称之为人的内在根据，其回答的是"是什么"及"何以是"的问题。根据人的本质的定义可以发现，判断是不是人的本质必须同时具备两个条件：一是人区别于其他动物的最根本属性；二是产生出人和人的各种类特性并能使其得到不断发展的内在属性。然而，历史上大多数哲学家都仅从人与动物的区别之中去寻找人的本质。他们认为，人之所以为人，就在于人有思想、有意识、有理性。也就是说，人是按照自己的理性能力而不是动物的感性能力来实现自身的存在特性的。把理性作为人的本质确实能够将人从动物世界中区别开来，但是人的理性、意识、思想是在人的活动中产生出来的，不仅不能产生出人的各种属性，更不能使人的属性得到发展，因而把理性、意识等作为人的本质是不正确的。费尔巴哈是第一个系统地探讨人性本质的哲学家。他从人的"感性存在"出发，指出人的有形的肉体是人的本质存在的基础，"观察自然，观察人吧！在这里你们可以看到哲学的秘密"①。费尔巴哈从人的自然属性中探寻人的本质这本身是一种进步，但是他把人与动物相区别的类本质的规定却是错误的。首先，费尔巴哈过多地强调人的自然性，将人对幸福和性爱的追求作为亘古不变的本质。其次，夸大宗教的作用。认为人都是信仰宗教的动物，宗教是人与动物相区别的类本质，而宗教又被认为是人的本质的异化的产物，归根结底也就是意识的产物，因此转了一圈，费尔巴哈把人与动物的区别最终还是归结为意识。与历史上的哲学家们不同，在马克思看来，既能将人与

---

① ［德］路德维希·费尔巴哈．费尔巴哈哲学著作选集：上卷［M］．荣震华，李金山，等译．北京：商务印书馆，1984：115.

动物区别开来，还能产生出人的各种类特性并实现其发展，使人称之为人的内在根据是劳动，即自由自觉地活动。在马克思看来，只有劳动才能够确证人是有意识的类存在物；原初的人是通过从事生产劳动才产生了语言、意识、社会性等，而这些属性又在人的生产劳动中得到不断发展；劳动"是人同其他动物的最后的本质的区别"，"可以根据意识、宗教或随便别的什么来区别人和动物。一旦人开始生产自己的生活资料，即迈出由他们的肉体组织所决定的这一步的时候，人本身就开始把自己跟动物区别开来"①。马克思彻底推翻了将意识作为人的本质的思想传统，将劳动作为人之所以称之为人的内在根据。由此可见，单单从人与动物的区别之中是无法探寻到完整的人的本质的，只有从使人称之为人的内在根据中才能判断出人的本质的真正内涵。

二、人性

人性是相对于兽性而言的概念，是人所特有而动物不具有的文明特性。人的自然属性决定了人同动物一样，都具有自然需求，但动物是依靠其本能和冲动来满足其需求的，它们满足需求的手段通常是野蛮的、原始的、自私的、排他的和贪婪的，而这些都是出于动物的兽性。而人性刚好与之相反，因为人不仅具有自然属性，还具有社会属性和精神属性，人存在的目的不仅仅是生存，还有人生

---

① 马克思恩格斯文集：第1卷［M］. 北京：人民出版社，2009：519.

理想与价值追求等。马克思由于肩负着重大的历史使命而将研究的重点放在了人的本质的论述上，但是他在早期的著作中并未对二者的概念进行过严格的区分。因此，通过整理归纳可以发现马克思对人性概念的理解主要有以下几方面：首先，人性是对自由的追求。人作为自然存在物，与动物一样天生就是"受动的、受制约的和受限制的存在物"①，换句话说，人天生就是不自由的，但人不同于动物的是人是有意识的存在物，通过发挥自身的主观能动性去认识世界、改造世界，从必然王国向自由王国迈进。其次，人性是对欲望和需要的不断追求。马克思在《德意志意识形态》一书中指出，"他们的需要即他们的本性"，但是马克思所指的需要并不是人的本能需要，而是人与动物相区别的、能够成为人性的需要，即劳动和社会性的需要。马克思认为，劳动不仅仅是人的本质，也是人的内在需求，而人与人之间的交往与联系也是人性的需求。因此，判断一个社会是否合乎人性，关键就是看其是否满足了人的需求以及给予人多大的自由。最后，人性是对兽性的否定。人性是对人的主体性和个性的肯定，是人类的道德精神中表达的、与动物的排他性、贪婪性、等级性、自私性、野蛮性等特性完全相反的完美特性。总之，在马克思的观点里，人性是一个系统，系统内部既包含了人的属性也包含了人的特性和人的本质的内容。

---

① 马克思恩格斯文集：第1卷［M］．北京：人民出版社，2009：209．

三、人的本性

人的本性是与人的本质及人性不同的概念，它是指人受其肉体组织所制约的、与生俱来的，且人自身不可或缺的规定性，是制约人的一切行为活动的最原初的类特性。人的一般本性主要包括三个内容：自然本性、社会本性和精神本性。人的自然本性是人的最基本的本性，而人的需要又是人最主要的自然本性。之所以如此规定，主要原因在于：其一，人是自然界最平庸的存在，既没有狗灵敏的嗅觉，也没有老虎与生俱来的凶猛，单靠个人力量是无法从自然界获得满足自己生存的自然资料的，也就无法谈及发展，因此，人与人之间必须合作交往并结合成社会。而人通过劳动的中介作用与自然建立关系的最初目的，也是满足自己的自然需求。随后出现的人的精神需要也首先是建立在自然需要的基础之上。其二，对于自然主义而言，人源于自然、依赖自然，人是自然界的一部分，因此也决定了人的所有行为都是受自然欲望所支配的。人的躯体、需要等将人与自然紧密地联系在一起，这种关系是与生俱来且无法改变的。马克思批判地继承了自然主义的上述思想，将人的需要作为人最基本的本性。

四、人的本质、人性、人的本性间的关系

通过上述对人的本质、人性及人的本性这三个不同概念的解析

可以看到，它们之间既相互区别又相互联系。从区别的角度看，首先，三者的表达方式各不相同。在马克思的德语原著中，人的本质一词为 Das Wesen des Menschen，而人性是 Die Humanität，人的本性是 Die Natur des Mensehen。人的本质侧重于人的"根本特性"，人性侧重于由后天逐渐形成和发展起来的特性，人性中包含伦理道德性，人的本性则侧重于人的本来性，即人本身所具有的、与生俱来的规定性。由此可见，将人的本质、人性与人的本性三个概念相互等同是违背马克思的原意的。其次，三者的内涵各不相同。人的本质是人与动物相区别的内在规定性，也是人之为人的根本特性，表现为人的劳动和社会性。人的本质是静态的、固定不变的，换句话说，尽管人的劳动及社会性的具体内容不断发展变化，但是人的本质是劳动和社会性这个根本规定是永恒不变的。人性是相对于兽性的概念，表明人在审美、自由、欲望、意识等方面的特性。社会物质生活决定了人性的具体内容，而人性也随着社会的发展而不断丰富。由此看出，人性并非一个绝对性的概念。人的本性是人天生固有的特性，是制约人的一切行为的原初类特性，是一个人类学范畴的定义。在这三个不同的概念中，人的本质是人类最本质、最根本、最内在的东西，否则，人的本性也就无法得到表现与确证，而人性也会沦为抽象人性。从联系的角度看，人的本质决定人性，人性是人的本质的表现，复杂的人性中都蕴含了人的本质。此外，人的本性又是人性的前提。离开人的本性，就不能谈论人性，反过来，承认人的本性并不意味着承认人性，人性是人的本性在社会实践中的展现，是在人类历史上发生变化的人的本性。人的这种本性并不同于

人的一般性质，在历史中变化了的本性是人性，而本体上的抽象的
规定性是人的一般本性，其具有社会内容的规定性。

第四节　思路、方法及结构

一、研究思路

以马克思人本质观的实践向度为研究主题，重点阐释作为马克
思哲学核心概念的"人的本质观"的理论内涵，进而充分揭示马克
思哲学的理论精华。本选题的主要研究思路如下：首先，以费尔巴
哈的人本主义为出发点，对马克思人的本质观的直接理论来源进行
了详细的梳理。马克思人的本质思想是对西方优秀的理论成果进行
批判性继承的产物，而费尔巴哈的人的本质思想是马克思人的本质
观的直接理论来源，因此，厘清费尔巴哈对人的本质思想的理论内
涵、主要观点、理论贡献及主要缺陷是深入理解马克思人的本质观
的基础。其次，需要对马克思人的本质观的思想演变历程进行详细
的梳理。马克思人的本质观的思想演变过程是探究马克思人性思想
的基础。人的本质观是马克思哲学思想发展的中心线索，在不同的
时期，其对人的本质有着不同程度的理解和认知，因此，需要通过
对马克思的文本进行深入研读，从而厘清马克思人的本质思想发展
演变的历史轨迹。再次，需要对马克思人的本质观的理论内核——

社会实践进行专门的强调和论述。与前人相比，马克思人的本质观的科学之处和进步之处就在于其将社会实践规定为人的本质观的核心内容，因此，对社会实践的深刻剖析是理解马克思人的本质观的核心内容。最后，指出共产主义运动是马克思人的本质实现的具体路径。共产主义运动的终极目标就是实现人的自由全面发展，即人的解放和人性复归，因此，我国应该始终坚持中国特色社会主义的道路，西方资本主义国家也应该依据自身实际情况将共产主义作为路径往前推进。

二、研究方法

紧紧围绕着本选题的主旨思路，本书的研究主要采用了历史与逻辑相统一的方法及文献研究法两种研究方法。其一，历史与逻辑相统一的方法。该方法主要用来探讨马克思人的本质观的思想演变历程，对这部分的梳理是正确理解马克思人的本质思想的基础。其二，文献研究法。该方法是本书重点运用的研究方法，主要集中在文章的第一章和第二章中。在第一章中，马克思人的本质观的费尔巴哈渊源需要大量地搜集文献资料；在第二章梳理马克思人的本质观的思想演变历程的时候，仍然需要鉴别、整理和解读各类相关文献。

三、研究的内容结构

根据本选题的研究思路及研究方法，本书的内容结构大致如下：

绪论部分，主要介绍本选题的选题意义、国内外的研究现状及相关概念的理解辨析等。

第一章，深入地考察了马克思人的本质观的费尔巴哈渊源。费尔巴哈的"现实的人"的概念是马克思人的本质观的直接理论来源，费尔巴哈人的本质思想实现了对黑格尔思辨哲学中抽象人性观的否定、对宗教神学抽象人性观的批判，还开辟了以"现实的人"的本质为研究对象的理论先河。费尔巴哈对人的本质的这些认识给予马克思深刻的启迪，马克思在对费尔巴哈思想进行扬弃后，发现了现实的、从事感性活动的、历史的人。

第二章，深入考察了马克思人的本质观的思想演变历程。马克思人的本质思想的形成与马克思哲学思想的形成过程是完全统一的，马克思就在探索人的本质的过程中发现了唯物史观。因此，如果想深刻地了解马克思人的本质观的理论内涵就必须对马克思各个时期的思想进行深刻解读，进而理清其人性思想的演变历程。总的来看，马克思的哲学思想的发展过程可以分为孕育、成型和发展三个阶段，而其人的本质思想也应该相应地划分为这几个阶段。通过对这三个阶段马克思相关思想内容的整理，可以清楚地描绘出马克思人的本质观的历史发展轨迹。

第三章，对马克思人的本质思想理论内核，即社会实践进行深人的分析和强调。社会实践是马克思人的本质观的理论内核，也是他在人的本质观上超越以往全部哲学家的特殊之处，对这一特殊概念进行深刻分析就可以知道马克思人的本质观的科学之处。在阐述这部分内容的时候，需要从马克思理解人的本质思想的几个不同角度来分别说明，只有这样才能深刻地证明社会实践是马克思人的本质思想的理论精髓。

第四章，指出共产主义运动是马克思人的本质实现的现实路径。马克思和恩格斯在《共产党宣言》中就直接指出了共产主义运动的终极目标就是实现人的自由全面发展。中国特色社会主义作为共产主义运动的中国方式，将"解放和发展生产力、消灭剥削和两极分化、实现共同富裕"作为社会主义的本质，通过建立市场经济体制、实行政治体制改革等方式实现了人的快速发展，逐渐地将人从"异化"的状态中解救出来。中国特色社会主义建设所取得的成就也为世界人民争取人的解放和发展提供了借鉴意义。

四、研究的重难点

（一）研究重点

对马克思人的本质观的实践向度进行探究，这一选题主要有四个重点。其一，深入地探索马克思人的本质思想的费尔巴哈渊源。费尔巴哈的人本主义是马克思人的本质思想的直接理论渊源，深入地分析费尔巴哈人本主义的概念、理论贡献、理论缺陷等是深入探讨马克思人的本质观理论内涵的思想前提。其二，深入地探讨马克思人的本质观的思想演变历程。深入考察这部分内容是理解马克思人的本质观的最重要的环节，这部分内容在本书的撰写过程中也占据了相当大的篇幅。其三，深入探讨马克思人的本质观的理论内核——社会实践。这部分内容是本选题的核心部分。其四，深入分析共产主义运动作为人的本质的实现方式是怎样推动人的本质的实现的。

（二）研究难点

深入地剖析马克思人的本质观的实践向度，其难点主要包含两点。其一，深入分析马克思人的本质观的费尔巴哈渊源的难度较大。费尔巴哈的人本主义思想是马克思人的本质思想的直接理论来源，对这二者之间的内在的思想关联进行深刻剖析绝非易事。其二，要准确地揭示马克思人的本质观的思想演变历程，这部分也是本书的重难点。人的本质是一个特殊的命题，任何哲学问题归根到底都是人性的问题，而马克思一生中所撰论著浩如烟海，在诸多文献中考察分析和厘清这一命题的历史轨迹、思想逻辑是有一定难度的。

第五节　创新点与不足

一、本书的创新点

本书在撰写过程中，试图有以下创新：其一，以探讨费尔巴哈人本主义的基本内涵和理论贡献为研究视角，深入地挖掘费尔巴哈的人本主义成为马克思人的本质观的直接理论来源的原因。其二，比较全面地阐述马克思人的本质思想的演变轨迹。其三，指出共产主义运动是马克思人的本质实现的现实路径，并以中国特色社会主义建设作为具体立足点，指出其在实现人的本质过程中所采取的具体策略和取得的成效，以及对世界共产主义运动所具有的现实意义。

二、研究的不足

本书的研究存在以下几方面的不足：其一，对马克思著作的梳理还不够全面、透彻和深入，只是重点地分析了几篇具有代表性的论著。其二，在追溯马克思人的本质观的直接理论来源时，仅仅将视角放在费尔巴哈身上，这未免不够详尽，还可以重点对黑格尔进行论述，因为马克思早期是青年黑格尔派的一员，其思想受黑格尔的影响也颇为深刻，马克思人的本质观的孕育就是在对黑格尔的

"绝对精神"进行批判中完成的。其三，对费尔巴哈的人本主义的解读还不够深入和具体。其四，对马克思人的本质思想的演变历程的揭示还不够全面和系统，未能清晰地将其整个思想变化与当时的社会背景等进行结合。其五，由于时间的限制，对人的本质的实现方式这部分内容未能进行展开论述，为此笔者深感遗憾。

第一章

马克思人的本质观的费尔巴哈渊源

回顾马克思的人学思想，可以显而易见地发现，人的本质问题是马克思人学思想的核心，也是贯穿马克思全部思想的中心线索。马克思对人的本质思想的探讨是在吸收借鉴了人类发展中的一切文明成果的基础上产生的，而这些优秀的成果或直接、或间接地成为马克思关于人的本质思想的理论来源。

马克思科学的人的本质观是建立在对先哲丰富思想的总结、吸收和借鉴的基础之上的，其中最直接的理论借鉴就是费尔巴哈的人本主义。马克思曾在致费尔巴哈的信中（写于 1844 年 8 月 11 日）就直截了当地表达了对其两部著作（《未来哲学原理》和《路德了解下的信仰的本质》）中的人学思想的赞赏之情。① 由此可见，费尔巴哈的人本学对马克思的科学的人本质观的形成和发展具有直接的影响。换句话说，费尔巴哈的人本学是我们考察马克思人本质观的重要的思想理论渊源。当然，这一考察也应该基于费尔巴哈思想在

---

① 马克思恩格斯文集：第 10 卷［M］．北京：人民出版社，2009：13.

马克思世界观转型和新世界观诞生所起到的重要作用这一基础
之上。①

　　本部分主要以费尔巴哈的人本主义为立足点，以费尔巴哈的
"现实的人"为线索，梳理了马克思人的本质思想与费尔巴哈人本主
义之间的思想渊源。费尔巴哈将人从"上帝""神""自我意识""绝
对精神"中拯救出来，变为"活生生的""有血有肉的""感性的"
"现实的人"，马克思的人的本质观就根源于此，他正是站在费尔巴
哈这个"巨人"的肩膀上发现了"现实的""从事感性活动的""处
于历史生成中"的人。要对马克思人的本质思想进行追根溯源，就
必须立足于费尔巴哈的人本主义，因为这是马克思建立科学的人的
本质观的起点。总而言之，对马克思人本质观的理论来源进行追溯
是研究马克思人的本质思想的基础。

---

①　注：我们有三个论据来证明费尔巴哈的人本主义对马克思的影响。首先，谨慎
　　对待费尔巴哈的思想。马克思曾在写给卢格的信中（1843年3月13日）这样
　　评价费尔巴哈的思想："他的哲学只有一点不能使我满意，他过多地强调自然，
　　而过少地强调政治。"（参考马克思恩格斯全集：第27卷［M］．北京：人民出
　　版社，1972：442，443.）其次，热情地欢迎费尔巴哈思想。该态度主要反映在
　　马克思在1843—1844年11月的著作当中，如《论犹太人问题》《〈黑格尔法哲
　　学批判〉导言》《1844年经济学哲学手稿》及《神圣家族》，这几部著作中可
　　以明显看到马克思对费尔巴哈思想的承继及欣赏。最后，批驳费尔巴哈思想。
　　这个态度主要反映在其1845年和1846年所著的两部著作《关于费尔巴哈的提
　　纲》和《德意志意识形态》中，在这两部著作中马克思通过对费尔巴哈人本学
　　的彻底批判而建立了其科学的人本质观和唯物史观。总的来说，马克思在其思
　　想发展的不同时期，对待费尔巴哈人本学的态度也不一样，这也充分证实了费
　　尔巴哈的人本学对马克思思想的巨大影响。

第一节 费尔巴哈人的本质观的思想内涵

费尔巴哈人本主义哲学的主要成就在于，其完成了对宗教神学和黑格尔的思辨哲学的批判，并在此基础上建立了自己的人本学。恩格斯在《费尔巴哈论》中就曾说到过，黑格尔去世之后，黑格尔哲学逐渐开始解体，在解体的过程中，青年黑格尔派的主要成员在批评现存宗教时，又陷入了"实际需要"与理想主义哲学之间的矛盾冲突之中。此时，费尔巴哈的《基督教的本质》出版了，它让唯物主义正式登上了王座，马克思在 1843 年至 1845 年的诸多著作中都带有费尔巴哈思想的痕迹。可见，费尔巴哈《基督教的本质》一书在当时的思想界所产生的影响之大。而这部著作的核心思想就是指出了"神学的秘密就是人本学，属神的本质的秘密，就是属人的本质"①，简言之，神的本质就是人的本质的对象化。由此，费尔巴哈完成了对宗教神学的批判。此外，费尔巴哈的另一个贡献就是对黑格尔思辨哲学的批判。在费尔巴哈的观点里，思辨哲学实际上是一种"首尾倒置"的哲学，其理由主要有五点：其一，黑格尔的思辨哲学将第一性的东西（存在）当作第二性的东西（意识），把第二性的东西当作了第一性的东西。其二，黑格尔的思辨哲学以绝对精神为出发点，将客观存在的一切东西都视为主观意识对象化的结

---

① ［德］路德维希·费尔巴哈. 费尔巴哈哲学著作选集：下卷［M］. 荣震华，王太庆，刘磊，译. 北京：商务印书馆，1984：315.

果，而不是从自然存在的角度来探讨存在的原因。其三，黑格尔的思辨哲学热衷于研究"绝对""无限"等"先于世界而存在"的抽象的、虚无的、毫无意义的东西，而不注重从历史、经验出发来研究感性存在的对象。其四，黑格尔的思辨哲学习惯将现实存在的一切东西都神秘化、思辨化，并看作是"绝对精神"等外化的产物，而无法在其思想中找到客观存在的现实基础。其五，黑格尔的思辨哲学将两个最重要的客观存在物，即自然界和人，也看作是从属于思维的东西，而将其抛诸脑后并不加以探讨研究。综上所述，费尔巴哈对宗教神学和黑格尔的思辨哲学的批判揭露了这两者虚伪的本性，而其批判的目的也是将"超越的、被排除于人以外的人的本质"的神学和"超越的""被看成在人以外的人的思维"的思辨哲学回归到以"人的本质"为研究对象的人本学。而这，正是费尔巴哈整个哲学思想的核心。由此可见，要考察费尔巴哈的思想，首先就应该对其关于人的本质的思想、概念等进行分析论述。

一、人的本质思想是费尔巴哈人本主义的核心

"人是从哪里来的呢？先问问人是什么吧！你若弄清楚他的本质，那么他的起源你也明白了。"① "我的第一个思想是上帝，第二个是理性，第三个也是最后一个是人。神的主体是理性，而理性的

———————————

① ［德］路德维希·费尔巴哈. 费尔巴哈哲学著作选集：上卷［M］. 荣震华，王太庆，刘磊，译. 北京：商务印书馆，1984：247.

主体是人。"① 这是路德维希·费尔巴哈在《说明我的哲学思想发展过程的片段》一文中所陈述的内容。由此可见,人的问题是费尔巴哈哲学思想的主题,而对人的本质问题的探索则是其人本学的基础。费尔巴哈通过对思辨哲学和宗教神学的批判,将高悬于人之上的"神""绝对精神"等落实到"现实的""感性的"人身上,从人本学的角度认识人的本质也成了费尔巴哈哲学的核心。

(一)宗教的本质是人的本质

回顾整个西方思想史的发展脉络我们可以发现,宗教问题一直是西方各理论界探讨的中心议题,而关于宗教本质的揭示又是探讨宗教的核心问题。各个时代的思想家、哲学家、宗教学家们都基于不同的时代背景和主观目的对这一问题做出了不同的论述。费尔巴哈作为人本主义的唯物主义哲学家,其通过对宗教神学的否定及对思辨哲学的批判,发现了"宗教的本质是人的本质的异化"及"人的本质就是宗教的本质的秘密"的重要论断。从此,他将宗教的基础从天国移到人间,将宗教的本质归结为人的本质,将对宗教本质的探讨归结为对人的本质的探讨。费尔巴哈在《宗教的本质》《基督教的本质》及《宗教本质讲演录》三部著作中对"宗教的本质的秘密"进行了深入的探讨和系统的解说。尤其是在《基督教的本质》中,他旗帜鲜明地指出:"属神的本质不是别的,正就是属人的

---

① [德] 路德维希·费尔巴哈. 费尔巴哈哲学著作选集:上卷 [M]. 荣震华,李金山,等译. 北京:商务印书馆,1984:249.

本质"①，"人使他自己的本质对象化。然后，又使自己成为这个对象化了的、转化成为主体、人格的本质的对象。这就是宗教之秘密"②。可以说，这段话浓缩了费尔巴哈人的本质思想的核心观点。

第一，费尔巴哈认为，宗教的主体不是神也不是上帝，而是"现实的""感性的"有血有肉的人，人是解决宗教问题的源头。首先，费尔巴哈指出，人的依赖感是宗教的心理根源。人在原始社会对自然的依赖感很强，而这种依赖感又使人对自然滋生了强烈的畏怖心理及敬畏心理，并将其作为超自然的神来崇拜，因而"上帝起源于依赖感"③，人从对自然的依赖感中创造了神。其次，费尔巴哈认为，宗教的目的是人摆脱依赖感。人信仰宗教的根本目的是摆脱自然的奴役而求得自我保存，但是在强大的自然力和特定的历史条件下是无法实现的，因此人只能将自由驾驭自然的愿望停留于主观的幻想之中，幻想人拥有神性，人能够主宰和控制自然界。再次，宗教的器官是人的想象力。费尔巴哈认为，尽管宗教源于人对自然界的畏怖，但是若离开了人的主观想象，单纯的自然界是无法勾起人对宗教的依赖的，换言之，神是人的主观想象力所创造的。最后，费尔巴哈对宗教的基础、目的、器官等的确定，最终的目的是说明宗教的主体是人，是"现实的""感性的"有血有肉的人。费尔巴

① ［德］路德维希·费尔巴哈. 费尔巴哈哲学著作选集：上卷 ［M］. 荣震华，李金山，等译. 北京：商务印书馆，1984：39.

② ［德］路德维希·费尔巴哈. 费尔巴哈哲学著作选集：上卷 ［M］. 荣震华，李金山，等译. 北京：商务印书馆，1984：56.

③ ［德］路德维希·费尔巴哈. 费尔巴哈哲学著作选集：上卷 ［M］. 荣震华，李金山，等译. 北京：商务印书馆，1984：103.

哈指出，正是由于人对自然界的现实依赖性使人产生了对自然界的敬畏之情，为了摆脱对自然界的依赖，人依靠想象力幻想着自己拥有神力从而能够战胜自然必然性的束缚，由此以来，人也就被自己的主观意识神化了。可见，神性本质上就是人性，人通过意识给自己赋予了神性，然后又将其对象化和分离，并称之为一个独立的精神实体。换句话说，神的主体其实就是人，所谓的神，其实就是有血有肉的人。"上帝之人性，就是它的人格性；上帝是一个人格式的存在者"①，既然上帝是一个"人格式的存在者"，那么人格性就是上帝的本质属性，而所谓的"人格性"其实就是思想性，"这个思想只有作为实在的人才具有真理性"②，而"实在的人"就是宗教的真正主体。总而言之，在费尔巴哈的宗教观里，宗教实质上是人的愿望的歪曲反映，是肉体化和现实化的人的愿望。概言之，人才是解释一切宗教问题的本源，宗教的秘密其实就是人的秘密，"现实的""感性的"有血有肉的人才是宗教的真正主体。

第二，费尔巴哈指出，宗教的秘密本质上就是人的秘密，宗教的本质实际上就是人的本质。因此，人的本质成了探寻宗教的生成及其本质的依据。首先，费尔巴哈揭示了"人的本质的对象化"就是宗教产生的秘密。费尔巴哈在《基督教的本质》一书中反复强调"上帝是人的本质的对象化"，他说："属神的本质不是别的，正是

---

① [德] 路德维希·费尔巴哈. 费尔巴哈哲学著作选集：上卷 [M]. 荣震华，李金山，等译. 北京：商务印书馆，1984：180.
② [德] 路德维希·费尔巴哈. 费尔巴哈哲学著作选集：上卷 [M]. 荣震华，李金山，等译. 北京：商务印书馆，1984：180.

属人的本质。或者，说得更好些，正是人的本质。"① 也就是说，在费尔巴哈的观点里，宗教的本质就是人的本质对象化（在费尔巴哈的著作里，常用"对象化"表示"异化"的概念）的体现，宗教中的一切实质上都是人的本质对象化的产物，而人的本质又是人自身所固有的，是以"类"的方式而存在的。然而，费尔巴哈认为，"类意识"又是人和动物的本质区别。由于动物无法将类当作对象，所以动物不具有那种"由知识得名的意识"②，它只有单一的生活，人则不同，人把自己的类、自己的本质当作思维的对象，因而人有双重生活，即外在生活与内在生活。其中，外在生活使人与其他的个体进行交往；而内在生活使人能够跟人自己（既是"我"又是"你"）交谈、思维、讲话。既然人是一个具有"类意识"的、能思维着的存在物，那么人就能够将自己主观性的意志、愿望、梦想、心理等对象化为一个异己的存在物，而这个异己的存在物就是上帝或神，它是人的绝对精神的反映。由于动物不能把自己的类、自己的本质当作对象，因而并不具有"最严格意义上的意识"，也就无法将现实生活中的各种希冀、愿望等抽象为绝对精神，因而"动物没有宗教"。③ 其次，宗教的异化本质上就是人的本质的异化。费尔巴哈在揭示了宗教产生的现实基础之后，还解释了为何宗教统治着人

① [德] 路德维希·费尔巴哈. 费尔巴哈哲学著作选集：下卷 [M]. 荣震华，王太庆，刘磊，译. 北京：商务印书馆，1984：39.
② [德] 路德维希·费尔巴哈. 费尔巴哈哲学著作选集：下卷 [M]. 荣震华，王太庆，刘磊，译. 北京：商务印书馆，1984：26.
③ [德] 路德维希·费尔巴哈. 费尔巴哈哲学著作选集：下卷 [M]. 荣震华，王太庆，刘磊，译. 北京：商务印书馆，1984：26.

们的现实生活这一关键问题。费尔巴哈指出，宗教是人的本质的对象化的产物，宗教的本质就是人的本质，但需要强调的是，宗教是一种与人的本质分离的独立的精神实体，它处在与人类完全对立的位置，并且反过来成为束缚着人、统治着人的异己的力量。人沦为了上帝的奴仆，"为了使上帝富有，人就必须赤贫；为了使上帝成为一切，人就成了无"①，这就是宗教异化现象。上帝是人的本质的异化，这种异化出来的精神实体转而统治着人。总的来说，费尔巴哈揭露了宗教本质的秘密，将宗教视为人的本质对象化的产物，并深入地剖析了宗教世界中的异化现象，将宗教中出现的异化归结为人的本质的异化。由此，宗教的本质的神秘面纱也被彻底揭掉。

综上所述，费尔巴哈揭示宗教的本质就是人的本质的秘密实则是为了强调两点内容：其一，人才是宗教的主体，上帝或神是人自己创造出来的一个虚幻的精神本体，人对上帝或神的顶礼膜拜实则是人对自己的膜拜，一切关于"上帝造人"的说法都是一种虚伪的欺骗；其二，上帝或神是人幻想出来的对象，是人利用想象力将现实生活的愿望对象化到了一个异己的存在物的身上。费尔巴哈对宗教神学的一系列批判的最终目的就是说明人的本质是揭露宗教本质的秘密的钥匙，也是新哲学及未来哲学研究的对象。

（二）人的本质是费尔巴哈"人本学"的核心

费尔巴哈的"人本学"是一个内涵丰富的概念，它有广义和狭

---

① ［德］路德维希·费尔巴哈. 费尔巴哈哲学著作选集：下卷［M］. 荣震华，王太庆，刘磊，译. 北京：商务印书馆，1984：52.

义的区别。从广义的角度来讲，费尔巴哈的"人本学"包含了其哲学体系的整个内容，费尔巴哈哲学本质上就是一种人本学的唯物主义，因为其整个哲学思想都被烙印上了人本主义的印记。从狭义的角度来讲，费尔巴哈的"人本学"仅仅指其关于人的学说，而其关于人的学说几乎都是围绕着人的本质思想展开的，不管是批判宗教还是批判思辨哲学，马克思的出发点和归宿都是为了证实"上帝的本质就是人的本质，上帝就是人的本质对象化的产物"。也就是说，无论从广义还是狭义上来理解，费尔巴哈关于人的学说都是论人的本质的学说，而这也是其全部哲学思想的核心。正如其曾经说过的，他的哲学的主要内容主要有两点：自然界与人。自然界是他哲学思想的起点，人是他哲学思想的核心，其又是在自然哲学的基础上建立了人的哲学。具体来讲，费尔巴哈对人的本质的认识有很多，包括人的自然本质、感性本质、类本质、理性本质、爱的本质等，这些关于人的本质的观点都是将人看作是一个生理学的实体、生物学本位的，它将人看作自然界的一部分，认为人不仅源于自然还依赖于自然，人的任何本质内容都是在自然性的基础上产生的。因此，我们既可以认为费尔巴哈人的本质学说就是其"人本学"，也可以将人的本质看作其"人本学"的核心，两种说法都是可取的。

二、费尔巴哈人的本质思想的主要内容

费尔巴哈通过批判宗教神学，发现了宗教的本质就是人的本质，宗教的秘密就是人的秘密的真理，该真理为解释一切与宗教及神学

相关的问题提供了突破口。换句话说,从人的角度理解宗教,这是费尔巴哈宗教观及人本学的中心线索。由此,研究费尔巴哈的人的本质思想也成为探究费尔巴哈哲学的关键,而对其基本内涵的界定也成为研究的重点。因此,依据费尔巴哈的整个哲学著作,可以将其人的本质思想的基本内涵做如下概括:

首先,人源于自然且依赖于自然,因而人的自然本质就是人的基本规定。费尔巴哈早年曾服膺过神学和思辨哲学,但最终却与其决裂并转变成了唯物主义者,而人作为其新哲学、未来哲学的基本核心,不再是精神力量的产物,而是自然界的产物,人也不是自然界的"异在",而作为自然界的一部分而存在。为了强调人源于自然并依赖于自然界,费尔巴哈说:"我所吃所喝的东西是我的'第二个自我',是我的另一半,我的本质,而反过来说,我也是它的本质。"① 由此可见,在费尔巴哈的观点里,人和物的本质就是该人和该物的存在。尽管费尔巴哈从生物学的角度来理解人的本质的观点与18世纪的机械唯物主义者有某些相似之处,但是也有本质区别。正如费尔巴哈批判机械论者时所提到的他们这些人"忘了最主要的、最基本的感觉对象乃是人本身,忘了意识和理智的光辉只在人注视人的视线中才呈现出来"②,可见,费尔巴哈虽然承认人源于自然,自然性是人的本质,但是也强调人自身所具有的特殊性,人并非

---

① [德] 路德维希·费尔巴哈. 费尔巴哈哲学著作选集:上卷 [M]. 荣震华,李金山,等译. 北京:商务印书馆,1984:530.

② [德] 路德维希·费尔巴哈. 费尔巴哈哲学著作选集:上卷 [M]. 荣震华,李金山,等译. 北京:商务印书馆,1984:173.

"完全与动植物一样"。

其次，将人的肉体而非人的活动，看作是人的本质"完整性"的基础，并通过对人的感觉与动物的感觉进行区别，从而得出"人的本质是感性"① 的结论。众所周知，从理论上来讲，费尔巴哈的人本主义是在自然主义的基础之上建立起来的，但现实的情况却是费尔巴哈是从人的感性直观的角度来认识自然界和人的。因此，费尔巴哈是人本主义哲学也带有浓重的感性直观的色彩。费尔巴哈从感觉论出发，将人的感觉与动物的感觉进行区分，从而发现人与动物相区别的类本质。他说："人作为人而具有那些动物作为动物而具有的东西，动物的感觉是动物的，人的感觉是人的。"② 但何为"人的"感觉呢？人的感觉"不是感觉本身，不是没有头脑、没有理性和思想的感觉"③，也就是说，在费尔巴哈的观点里，人的感觉跟动物的感觉的区别就在于人的感觉有"思想性"，人的思维、理性也是一种感性的东西。思维、理性是"自然人"的必然属性——个人意识，这是任何一个肉体的人都具有的，理性、精神和意识都是与人的感官、感觉、头脑必然地联系在一起的肉体的活动。由此可见，费尔巴哈所说的理性也是从属于感性和自然属性的。

费尔巴哈作为一名感觉论者，其对人的感性本质的认识并不是

---

① [德] 路德维希·费尔巴哈. 费尔巴哈哲学著作选集：上卷 [M]. 荣震华，李金山，等译. 北京：商务印书馆，1962：213.

② [德] 路德维希·费尔巴哈. 费尔巴哈哲学著作选集：上卷 [M]. 荣震华，李金山，等译. 北京：商务印书馆，1962：212.

③ [德] 路德维希·费尔巴哈. 费尔巴哈哲学著作选集：上卷 [M]. 荣震华，李金山，等译. 北京：商务印书馆，1962：252.

仅仅局限于外部感官的作用，更关键的在于人的内部感性，如欲望、情感等。从自然主义的角度来看，费尔巴哈认为人与动物是一致的，他们都有"自我保存"的本能。从人类"自我保存"的本能欲望中，费尔巴哈又引申出了人的诸多感性特性，如"性爱""利己""追求自由"等。但其对人的这些内在感性特质的枚举并未实现人从动物界的剥离，相反却将人与动物相等同了。费尔巴哈举例说，"一个幼虫"停留于"它所期望的适宜于它的植物上"，这一活动归因于"意志"，是由于动物"对生命的爱，对自我保存的愿望，对幸福的追求"所引起的，这种追求是一切生物（包括人）"基本的和原始的追求"。① 正是根据生物（包括人）的自保本性中的这种对生命的"爱"，费尔巴哈发现了人性中的"利己主义"并提出了"爱的宗教"。他说："凡是活着的东西都有爱，即使只爱自己和自己的生命。"② 因此，在费尔巴哈的解释里，男人与女人之间的爱是为了有利于种的延续，同性之间的爱是为了对自身有利，甚至于自杀也是为了摆脱自身的痛苦。从感性直观的角度，费尔巴哈还指出了"你"与"我"之间的性别特征，他说："没有了性别，人格性就是无了，就本质而言，人格性乃区分成为男性人格性和女性人格性。"③ 也就是说，费尔巴哈所提出的"你"与"我"之间不仅仅具

---

① ［德］路德维希·费尔巴哈. 费尔巴哈哲学著作选集：上卷 ［M］. 荣震华，李金山，等译. 北京：商务印书馆，1984：535—536.
② ［德］路德维希·费尔巴哈. 费尔巴哈哲学著作选集：上卷 ［M］. 荣震华，李金山，等译. 北京：商务印书馆，1984：535.
③ ［德］路德维希·费尔巴哈. 费尔巴哈哲学著作选集：下卷 ［M］. 荣震华，王太庆，刘磊，译. 北京：商务印书馆，1984：122.

有自然主义性质的两性关系，还有人与人之间的关系，这种关系是"一切人格性、一切意识之基本条件"①，即所谓的"类"。

再次，人的本质是指人具有"最严格意义上的意识"，所以"类"是人的本质属性。历史上的哲学家们在探讨人的本质问题时都习惯从人与动物的区别上来找答案，进而将人的本质规定为人所独有而动物没有的那些属性、结构、特征等。费尔巴哈作为一名自然主义哲学家，他是从生物学的角度来找寻人与动物间的外在的、肤浅的、表面上的区别。当然，费尔巴哈也承认人与动物在"思维和语言"上也有区别，但是这些区别比较微妙与模糊，并不能清晰地将人从动物界分离开。由此，费尔巴哈也意识到人"类"与动物"类"间一定存在着个性的差异。费尔巴哈认为，人的"类"是普遍的类，是"作为类的类"。在《基督教的本质》中，费尔巴哈清晰地指出了"人具有最严格意义上的意识"是人与动物之间的区别，"最严格意义上的意识"不同于动物所具有的那种本能性的"意识"②，"只有将自己的类、自己的本质性当作对象的那种生物，才具有最严格意义上的意识"③，动物只有自我感，因而它无法将"类"作为自己的对象，而人却能够将自己的类、自己的本质当作对象来看待，所以，人具有"那种由知识而得名的意识"。正是人与动

---

① ［德］路德维希·费尔巴哈．费尔巴哈哲学著作选集：下卷［M］．荣震华，王太庆，刘磊，译．北京：商务印书馆，1984：122.

② 注：在费尔巴哈的观点里，人的意识分为有限意识和无限意识，其中的有限意识并不是真正的意识，它是指动物出于本能而做出的下意识的反应。

③ ［德］路德维希·费尔巴哈．费尔巴哈哲学著作选集：下卷［M］．荣震华，王太庆，刘磊，译．北京：商务印书馆，1984：26.

物在"类"上的区别，使人不仅具有人与人相交往的外在生活（社会生活）①，还具有与自己的类、自己的本质发生关系的内在生活，这种生活是作为人这个"类"所独有的，因此这种"类意识""类特性"就成为人的本质属性。

最后，理性、意志、心及三者的统一，这既是人生存的目的，也是人的绝对本质。费尔巴哈虽然指出"最严格意义上的意识"就是人的本质，但是这是从一般意义上来讲的，只能被称作人的一般本质，而"在人里面形成类即形成本来的人性的东西"却是"理性、意志、心"。②因此，费尔巴哈指出，一个真正完整的人身上必定同时具备理性、意志和心这三个要素，因为这三种要素里所包含的"思维力是认识之光，意志力是品性之能量，心力是爱"③，它们是人的最高的力，也是人的"绝对本质"，也可看作是人的具体本质。其一，关于人的理性本质。费尔巴哈认为理性是人的"类"原有的能力，它是寓于人之中的超人格和非人格的本质性。人只有发挥理性本质的力量才能脱离自己主观的、个体的本质，理性（理智）

① 注：尽管费尔巴哈将人与人之间的交往看作是人的本质的体现，但是他却是从感性直观的角度来理解的，人与人之间的交往也只是基于生物因素（血缘和两性差异）的交往，仅仅是一种自然关系而不是社会关系，或者说只不过是一种最初的社会关系。尽管费尔巴哈也强调"只有社会的人才是人"，社会性是人的本质，但是他只是试图在社会中找到人生存的自然条件，人的社会性也仅仅归结为人与人之间的相互需要这种感性直观，归结为人与人之间的爱或友情，所以费尔巴哈人的社会性本质最终沦为了空洞的"爱"的说教。

② ［德］路德维希·费尔巴哈. 费尔巴哈哲学著作选集：下卷［M］. 荣震华，王太庆，刘磊，译. 北京：商务印书馆，1984：28.

③ ［德］路德维希·费尔巴哈. 费尔巴哈哲学著作选集：下卷［M］. 荣震华，王太庆，刘磊，译. 北京：商务印书馆，1984：28.

主要有以下五个特征：一是理性是"原本的、原始的本质，最高的本质"；二是"理智是独立的本质"；三是"理智是统一的本质"；四是"理智是无限的本质"；五是"理智是必然的本质"。理性的这五个特征深刻地说明了理性力（思维力）的认识作用，人们"为认识而认识"，只有"思维的存在者"才是"真正的存在者"。① 其二，关于人的意志本质。费尔巴哈认为，虽然理性是人的一个重要本质，但是理性只是人与客观对象之间建立联系的那种客观本质。而属人的本质是道德本质，即道德的完善性。由此，费尔巴哈成功地从理性中推出了意志。费尔巴哈认为，道德的完善性是由人的意志决定的，人的意志是主观的，道德的完善性是意志的客体。道德的完善性是促使人们去实践的本质，它告诉人们应该怎样通过将人的意志付诸行动，从而实现人的道德本质。意志是道德的实践本质，它是将爱和理性联系起来的桥梁。因为，道德戒律往往是无情的、冰冷的，但却能够让人意识到自身的不完善性并产生苦恼、恐惧的心理。与此相反，心与爱则具有包容、体谅的特质。人要实现自身的完善性，意志就必须求助于"心"或"爱"。其三，关于爱（或心）是人的本质。费尔巴哈是这样界定"爱"的，他说："爱是上帝本身，除了爱以外，就没有上帝。爱使人成为上帝，使上帝成为人。"② 也就是说，费尔巴哈是从"爱"是上帝的本质进而推导出"爱"也是

---

① ［德］路德维希·费尔巴哈. 费尔巴哈哲学著作选集：下卷［M］. 荣震华，王太庆，刘磊，译. 北京：商务印书馆，1984：28.
② ［德］路德维希·费尔巴哈. 费尔巴哈哲学著作选集：下卷［M］. 荣震华，王太庆，刘磊，译. 北京：商务印书馆，1984：71.

人的本质的。当"爱"作为上帝的本质时，说明了上帝拥有了"至高的善"，而对世人充满了怜惜、悲悯、同情、包容等情感，但是上帝是人的本质对象化的产物，所以上帝所具有的"至高的善"实际上是人所具有的，而"上帝爱人"的本质实际上就是人对人自身的爱，上帝对世人的怜惜、悲悯、关怀、同情等实际上就是人对人自身的怜惜、关怀、悲悯和同情。总的来说，"爱"（心）作为人的具体本质说明了只有"爱着的存在者"才是"真正的存在者"。① 其四，理性、意志、心及三者的内在统一，才能使人实现人的价值，成为一个真正"完善的人"。费尔巴哈认为，理性、意志和心作为人的具体本质，它是与人的生命同存亡的，人只要有生命，人就必须发挥自己的意志力、心力、理智力。理性、意志和爱不是人类存在的手段，而是人类存在的根本目的。假如理性、意志和爱情从属于其他目的，那么他们就失去了作为人类本质的基本原则。可见，费尔巴哈不仅把理性、意志、爱当作人的本质存在，还当作人的价值之所在，人之所以有别于动物就是因为人有价值，有价值的人才是真正"完善的人"。

总之，以上从四个方面对费尔巴哈人的本质观进行了梳理，这四方面内容也是费尔巴哈人本学的核心内容。通过对费尔巴哈人的本质思想的整理也能从中深刻地挖掘出其对宗教神学和思辨哲学的批判要义，这也为深入理解费尔巴哈的人本主义哲学奠定了基础。

---

① ［德］路德维希·费尔巴哈. 费尔巴哈哲学著作选集：下卷［M］. 荣震华，王太庆，刘磊，译. 北京：商务印书馆，1984：28.

第二节　费尔巴哈人的本质思想的理论功绩

费尔巴哈是西方哲学史中举足轻重的一位哲学家，而其在哲学界的地位首先就是由其在对黑格尔思辨哲学的批判中建立起来的。费尔巴哈对黑格尔思辨哲学的批判彻底终结了德国古典唯心主义哲学，重新树立了唯物主义的哲学权威，也为马克思历史唯物主义的建立起到了承上启下的关键作用。而费尔巴哈哲学又称作"人本学"，是围绕着人的本质思想展开的。它通过对思辨哲学和宗教哲学中"抽象的人"的批判发现了"现实的人"的概念，将人从"上帝""神""自我意识""绝对精神"中拯救出来，变为"活生生的""感性的""现实的人"。

一、费尔巴哈对黑格尔思辨哲学中抽象人性观的否定

费尔巴哈对黑格尔思辨哲学的批判是与其对宗教神学的批判一起进行的，其将对思辨哲学与宗教神学的批判作为两项基本任务。在《德意志意识形态》一文中，马克思指出："所有的德国哲学批判家们都断言：观念、想法、概念迄今一直支配、决定着现实的人，现实世界是观念世界的产物。"① 费尔巴哈与马克思在这一点上是完

---

① 马克思恩格斯文集：第1卷［M］．北京：人民出版社，2009：510.

全一致的。费尔巴哈也认为，所有思辨哲学的共性之处就在于，都将"绝对精神""实体""自我意识"等抽象的概念看作是人的本质，且将其置于"现实的""感性的""有血有肉的"具体的人之上，人及人的本质真正成为抽象的、形而上的概念。这种想法与宗教神学"上帝的本质就是人的本质"的看法是如出一辙的。由此，费尔巴哈在对思辨哲学进行批判的时候就指出，要以"具有理性的、实在的、感性的人"（"现实的人"）来替换思辨哲学中那个"离开人的、没有感觉的理性本质"。① 费尔巴哈以"现实的人"的角度所展开的对黑格尔等人的思辨哲学的批判成为人学发展的重大转折。

首先，费尔巴哈揭露了思辨哲学的实质仍是神学，是颠倒了的人本学，并进而指出新哲学对人及人的本质的认识应该从抽象的主观思辨转到自然存在的、现实的人身上。在《关于哲学改造的临时纲要》中，费尔巴哈指出神学的秘密就是人本学，而思辨哲学的秘密就是神学。也就是说，思辨哲学的秘密实质上就是颠倒了的人本学，而这种"颠倒了的人本学"也就是抽象的人性论。费尔巴哈正是因为发现了这一点，才意识到要真正科学认识人的问题就必须将"抽象的""主观的""理性化了的"人彻底地颠倒过来，将思维中存在的人转化到现实存在的人身上，以"实在人本学"来代替"宗教人本学"。费尔巴哈的这一发现正是其新哲学或未来哲学建立的前提和基础。费尔巴哈认为，新哲学的使命就在于"将哲学从'僵死

---

① ［德］路德维希·费尔巴哈. 费尔巴哈哲学著作选集：下卷［M］. 荣震华，王太庆，刘磊，译. 北京：商务印书馆，1984：129.

的精神'境界重新引到有血有肉的、活生生的精神境界"①,重新回到多灾多难的、现实的人间,"将人从他所沉陷的泥坑中拯救出来"②。换句话说,费尔巴哈对黑格尔等人的思辨哲学的彻底性批判,将哲学从神秘的、抽象的思辨中落实到了自然的、具体的现实之中,而对人及人的本质的认识也因落到了现实世界而变得有现实价值了。

其次,费尔巴哈揭露了黑格尔思辨哲学中对人的本质的抽象的、主观的、虚幻的反映,提出要从感性的、具体的、现实的人的角度来认识人及其本质。费尔巴哈认为,黑格尔的思辨哲学的弊端就在于其并未将主观与客观进行分离,错误地认为主观的表象就是真理,主观的思想就是客观事物的本质,也就是说,由主观产生的绝对精神就是客观存在的本质。因此,费尔巴哈对思辨哲学将"绝对精神"看作人的本质的观点进行了深刻批判。在费尔巴哈看来,思辨哲学中对人的本质的抽象规定,如"实体""绝对精神""自我意识"等都属于人的理性本质,还是"理性化了的、实在化了的、现实化了的上帝的本质"③。而人的真正的感性本质已经被思辨哲学抽象化、思辨化了。黑格尔等思辨哲学家们对人性的这种"抽象的""理性化的""主观的"认识将人性的"感性的""具体的""客观的"本

---

① [德] 路德维希·费尔巴哈. 费尔巴哈哲学著作选集:上卷 [M]. 荣震华,李金山,等译. 北京:商务印书馆,1984:120.

② [德] 路德维希·费尔巴哈. 费尔巴哈哲学著作选集:上卷 [M]. 荣震华,李金山,等译. 北京:商务印书馆,1984:120.

③ [德] 路德维希·费尔巴哈. 费尔巴哈哲学著作选集:上卷 [M]. 荣震华,李金山,等译. 北京:商务印书馆,1984:123.

质遮蔽在迷雾之中了。而费尔巴哈的任务就是通过对思辨哲学抽象人性论的批判，揭露他们"只依照他们自造的概念和想象去观察事物和人"①，从未从思辨的黑暗和自我的精神这个"人为的高峰"上爬下来，且"从来不看人的实在本质一眼的"② 缺陷。在此基础上，费尔巴哈主张从人的感性实在出发，从"感性的""具体的""现实的"的角度来认识人。

最后，费尔巴哈对黑格尔将抽象思维创造的抽象概念置于现实存在之上的观点进行了深刻批判，指出感性的"现实的人"才是思维与存在真正统一的主体。费尔巴哈在《关于哲学改造的临时纲要》中写道："斯宾诺莎是近代思辨哲学的真正创始者，谢林是它的复兴者，黑格尔是它的完成者。"③ 在其另一部著作《未来哲学原理》中，费尔巴哈对思辨哲学进行了系统的梳理。费尔巴哈认为笛卡尔是思辨哲学的创始者；莱布尼茨、斯宾诺莎因提出了泛神论而进一步发展了思辨哲学；康德、费希特继承了斯宾诺莎的泛神论思想，并使其在主观唯心主义中得到了进一步发展；而真正完成了思辨哲学的是黑格尔。也就是说费尔巴哈对黑格尔思辨哲学的批判实际上就是对整个思辨哲学体系的批判，而这些思辨哲学的共同点就在于都将脱离自然的、抽象的概念凌驾于客观的、具体的、自然存在的

---

① [德] 路德维希·费尔巴哈. 费尔巴哈哲学著作选集：下卷 [M]. 荣震华，王太庆，刘磊，译. 北京：商务印书馆，1984：564.
② [德] 路德维希·费尔巴哈. 费尔巴哈哲学著作选集：下卷 [M]. 荣震华，王太庆，刘磊，译. 北京：商务印书馆，1984：564.
③ [德] 路德维希·费尔巴哈. 费尔巴哈哲学著作选集（上卷）[M]. 荣震华，李金山，等译. 北京：商务印书馆，1984：101.

现实的人之上。费尔巴哈对思辨哲学的批判目的也就是拨开思辨哲学抽象的、形而上的迷雾，让哲学研究从虚妄中落到实处，真正注意到"感性的""具体的""自然存在的"现实的人身上，看清思辨哲学所谓的"实体""单子""自我意识""绝对精神"等抽象的概念本质上只是现实的人的本质对象化的产物而已。费尔巴哈在批判思辨哲学的这一缺憾的同时，他还重新提及感性原则，关注感性的"现实的人"，并将其作为思维与存在统一的真正主体。他说："思维与存在的统一，只有在将人理解为这个统一的现实基础和真正主体的时候，才有意义，才是真理。"① 费尔巴哈将自然存在的、感性的"现实的人"作为思维与存在统一的主体，即第一性的东西；而那些由思辨哲学主观思维创造的抽象的概念，如"单子""实体""自我意识""绝对精神"等就成为思维与存在统一的客体，即第二性的东西了。

总而言之，费尔巴哈对黑格尔思辨哲学的彻底批判，深刻地说明了感性存在的、活生生的人才是一切抽象概念的真正创造者。费尔巴哈揭露了藏在抽象思辨背后的抽象的人性，并建立了以感性存在的现实的人为研究对象的新哲学（人本学）。可以说，这既是费尔巴哈对思辨哲学批判的主要目的，也是其批判的重大理论成果。总之，费尔巴哈对黑格尔思辨哲学的彻底批判，成功地用新哲学中的感性的人替代了旧哲学中的抽象的人。

---

① ［德］路德维希·费尔巴哈.费尔巴哈哲学著作选集：上卷［M］.荣震华，李金山，等译.北京：商务印书馆，1984：181.

二、费尔巴哈对宗教神学抽象人性观的批判

近代西方哲学的基本任务就是批判宗教神学，而费尔巴哈就是将批判宗教、揭露宗教的本质作为其哲学探索的起点的。其通过对宗教（主要是基督教）的批判，发现了宗教的本质就是人的本质，所谓的神也只是人的本质异化的产物。由此，费尔巴哈将肉体的、自然存在的人及人性从虚幻的、缥缈的神及神性中解救出来，彻底地实现了人的本质的真正复归。但与近代其他的哲学家所不同的是，费尔巴哈对宗教神学抽象人性观进行深刻批判所得出的结论是要从有血有肉的、自然存在的、具体的、感性的、现实存在的人出发来研究人性，而不能将人及人性从天国回到人间后，又将其归结于机械的或抽象的存在。

首先，费尔巴哈批判了"上帝造人"的说法，指出"上帝（神）是人的本质的对象化"，因而只有"现实的人才是上帝（神）的真正创造者"。在费尔巴哈《基督教的本质》面世之前，西方社会都是处在宗教神学的统治之下的。尤其是在中世纪，宗教神学的统治地位让"上帝造人"的说法深入人心。尽管到了近代，唯理论哲学家如笛卡尔、斯宾诺莎、莱布尼茨、康德等人逐渐觉醒，开始质疑"上帝的存在"及"上帝造人"的科学性，但是他们最终却一无所获，依旧返回到了"上帝存在"及"上帝造人"的肯定答案之中；法国的唯物主义哲学家，诸如拉美特利、爱尔维修、霍尔巴赫等人甚至提出了"人是自然界的产物"的观点，但是他们却仅仅是

从生物学、解剖学的狭隘视角出发，最终将自己变成了机械唯物主义哲学家，只是将人及人的本质停留于自然的、生物性、机械性的存在上，而没有注意到感性的、"类"的、现实的本质上。① 只有费尔巴哈发现了这个真理，他从感性直观的角度出发，揭露了"上帝造人"的荒谬性、可笑性，指出了上帝（神）"不是幽灵，也不是幻象，而是实在的人"②，与此同时，费尔巴哈正式地提出了"上帝

---

① 注：人的问题是 18 世纪法国唯物主义哲学家关注的核心问题，他们打破了"上帝造人"的神学法则，提出了"人是自然界的产物"的观点，并主张从人的自然本性出发来说明人的社会生活现象，而人的自然属性与人的社会属性之间的关系问题也成为该时期人性探讨的主要问题。其中的代表人物主要有：拉美特利、爱尔维修与霍尔巴赫。拉美特利提出人的机体与动物的机体一样，是由许多机栝集合而成的一部机器。（参考［法］拉美特利．人是机器［M］．北京：商务印书馆，1996：33.）爱尔维修提出人的本质是以肉体感受性为基础的，"人是一部机器，为肉体的感受性所发动，必须做肉体感受性所执行的一切事情"。（参考北京大学哲学系外国哲学史教研室．西方哲学原著选读：下卷［M］．北京：商务印书馆，1986：178—181.）霍尔巴赫提出，人性的基础是物理的自然界，"人是自然的产物，存在于自然之中，服从自然的法则"。（参考北京大学哲学系外国哲学教研室．西方哲学原著选读：下卷［M］．北京：商务印书馆，1996：40.）此外，他们以人的自然属性为基础，揭示了人的社会属性。如拉美特利在《人是机器》中指出，虽然人是动物，但是教育却能使人高于动物。（参考［法］拉美特利．人是机器［M］．北京：商务印书馆，1996：41.）爱尔维修也提出，人的社会性是肉体感受性的直接结果。因为人的肉体天生就是软弱的、装备不良的，为了生存，人与人就必须联合起来以对抗不利的自然环境，于是社会就形成了，可见在爱尔维修眼中，人的自然生物属性是人的本质，而人的社会属性就是人的生物性的简单延伸。（参考北京大学哲学系外国哲学史教研室．西方哲学原著选读：下卷［M］．北京：商务印书馆，1986：178—181.）霍尔巴赫在其著作《自然的体系》中指出，人性本无善恶好坏之分，只是不同的社会环境将人性往善恶好坏的方向引导，"我们的行为好坏，永远取决于那些由我们自己造成或者由别人给予我们的观念真或假"。（参考北京大学哲学系外国哲学教研室．西方哲学原著选读：下卷［M］．北京：商务印书馆，1981：428，229.）

② ［德］路德维希·费尔巴哈．费尔巴哈哲学著作选集：下卷［M］．荣震华，王太庆，刘磊，译．北京：商务印书馆，1984：181.

是人的上帝""上帝（神）是人的本质对象化的产物"等经典观点，彻底地将宗教的秘密公之于众了。此外，他还进一步提出，只有生活在现实世界中的现实的人才有真理，换句话说，属人的意识就是属神的意识，费尔巴哈通过对"上帝造人"说法的批判，指出"上帝（神）是人的本质的对象化"，所以只有"现实的人才是上帝（神）的真正创造者"。费尔巴哈对宗教的批判也成为马克思人的理论的起点。

其次，费尔巴哈指出，宗教神学的秘密其实就是人本学，而新哲学关注的焦点应该从彼岸世界转移到此岸世界，从抽象的、虚幻的神身上转移到"感性存在"的人身上。费尔巴哈在《基督教的本质》中对宗教（基督教）进行了深刻批判，其最终的目的就是通过对宗教神学秘密的揭露，从而发现潜藏在该秘密背后的真正的"人"。而这个"人"绝不是隶属于上帝或神的"奴仆"，而是以自然为基础的、"感性存在"的"具体的人"。换句话说，费尔巴哈通过对宗教神学的批判，明白了"感性存在"的人才是宗教神学的真正主体。由此，那潜藏在宗教虚无缥缈的神性背后的具体的、感性的、现实的人性被挖掘出来了，与此同时，宗教的秘密也被正式揭穿，即所谓的宗教神学只不过是以"感性存在"的人及其本质为基础的人本学。而宗教也堕落为神秘的、"颠倒的人本学"，应该用"实在人本学"来与之替换。这种"实在人本学"就是费尔巴哈口中的"新哲学"，而"新哲学"的基础，本身不是别的东西，只是提高了的感觉实体——新哲学只是理性中和用理性来肯定每一个人

——现实的人——在心中承认的东西"①。也就是说，费尔巴哈在其创立的"新哲学"中已经意识到，理念中的存在并非真正的存在，只有现实的、感性的存在才是真正的存在，因此，费尔巴哈将关注的重点从理念创造的虚幻的、抽象的"神"身上转回到以自然为基础的"感性存在"的人身上。

最后，费尔巴哈揭露了宗教神学中对人性抽象的、主观的、虚幻的反映，提出要从感性的、具体的、现实的人的角度来认识人性。恰如18世纪法国唯物主义哲学家爱尔维修所认为的，人的自爱本性本身是没有善恶之别的，但却在不同的教育及环境的引导下转换为罪恶或良善。换句话说，现实中的人及人性是极其复杂的，人性"一半是天使、一半是魔鬼"，既有善的一面，又有恶的一面，是善恶的矛盾统一体。但在基督教神学看来，由于亚当、夏娃的错误使人生来就是罪恶的，只有上帝才是"至善"的，因此人不得不将对美好生活的向往寄托于天国与来世。在基督教哲学看来，生活在尘世中的人必须经受住现实中的种种磨砺，信仰上帝、轻蔑自己、贬抑自己，方能得到上帝的拯救，而通往"至善"的天国。尽管从表象上看，基督教哲学的"去恶扬善"确实具有一定的价值导向功能，但在费尔巴哈看来，其正是利用人们"去恶扬善"、达到"至善"的美好目标将"感性的""实在的""现实的"人性遮蔽在了宗教那神秘的、伪善的、"抽象的"神性之中。费尔巴哈还直截了当地指出，处于"感性存在"的（"现实的"）人本身就是善与恶的统一

---

① ［德］路德维希·费尔巴哈. 费尔巴哈哲学著作选集：上卷［M］. 荣震华，李金山，等译. 北京：商务印书馆，1984：168.

体，魔鬼之所以是恶的东西，并非源于意志，而是源于本质；而上帝之所以是善的东西，同样并非源于意志，也是源于本质。"魔鬼是不由自主的、不可解释的邪恶，而上帝是不由自主的、不可解释的良善。二者具有同一个源泉，只是性质有所不同或正相乖异。"① 在这里，"魔鬼"与"上帝"都是指人的现实本质，且都是人的本质对象化的产物。因此，当费尔巴哈揭穿了宗教神学的神秘面纱后，他就强调要用现实的、具体的人性来替代宗教中虚妄的、神秘的神性。

　　总而言之，费尔巴哈对宗教神学的批判发现了潜藏在宗教神秘的、虚幻的面纱背后的现实的、感性存在的人，这个感性存在的、现实的人才是上帝（神）的真正创造者，所谓的神性也只不过是被对象化了的人性。换句话说，费尔巴哈对宗教神学的批判实际上也是对抽象人性论的否定，通过这样的否定，让人们将关注的重点从"抽象的人"转移到"现实的人"身上。费尔巴哈将感性存在的人作为主体，否定抽象人性论，使人们彻底地从宗教神学的迷雾中清醒了过来，也为人们进一步研究具体的、活生生存在的人奠定了基础。

三、开辟了以"现实的人"的本质为研究对象的理论先河

　　众所周知，费尔巴哈哲学研究的关键就是对人的本质的揭示，

---

① ［德］路德维希·费尔巴哈. 费尔巴哈哲学著作选集：下卷［M］. 荣震华，王太庆，刘磊，译. 北京：商务印书馆，1984：227.

而"现实的人"作为费尔巴哈人的本质研究的新成果和新概念，它的内涵是什么？总的来说，费尔巴哈"现实的人"实际上就是指"人是感性——对象性的存在物"。这里包含了两层意思。首先，人是感性的存在物。感性存在既包括自然界也包含着人，但费尔巴哈主要指的是人的存在，因为只有在感性存在中人才能最贴近人自身。"人在这个世界最初的出现……只归功于感性的自然界。"① 费尔巴哈将人的存在定义为感性存在，认为人的感性存在不仅指人的肉体存在还指人的精神存在，即人的自然属性和精神属性。作为肉体存在的人本身就属于客观世界，也就是说人与自然物一样都存在于世界之中。费尔巴哈正是从这一点出发，提出人的肉体与精神就是作为个体的人最根本的矛盾，而这也是"世界的基础"。基于这个认识，费尔巴哈对一切旧哲学进行了批判，认为它们将人的肉体与精神进行了分离，感性存在的人变成了抽象的人，人仅仅只是思维的本质，却不是肉体的本质，因此费尔巴哈提出他的新哲学要克服这一缺陷，要清楚"我是一个现实的、感性的本质，肉体属于我的本质，肉体就是我的自我，我的本质本身"②。另外，感性存在的人还是具有精神属性的人。因此，费尔巴哈还将"感性存在"称作"爱的存在""感觉的存在"等，认为人的爱情、感觉、同情心等都是依赖于人的肉体而存在的。于此可以发现，费尔巴哈所提及"感性

---

① [德] 路德维希·费尔巴哈. 费尔巴哈哲学著作选集：上卷［M］. 荣震华，李金山，等译. 北京：商务印书馆，1984：214.

② [德] 路德维希·费尔巴哈. 费尔巴哈哲学著作选集：上卷［M］. 荣震华，李金山，等译. 北京：商务印书馆，1984：169.

存在的人"也就是具有自然本质及精神本质的人，因而感性就是现实。其次，人是对象性的存在物。费尔巴哈认为，对象性是类存在物的最基本的特征，而人作为一种类存在物，是因为意识将其与动物界区分开来，因此"意识"就是人的类本质。人正因为有了意识才具有了内在生活与外在生活，所谓的内在生活是指人和人的本质发生关系的生活，例如，人与人自己对话、交谈等，也就是说人既是"我"又是"你"，既是自己的主体又是自己的客体。意识到这一点时，费尔巴哈就发现了原来宗教神学中的上帝的本质实际上就是人的本质，而宗教神学中的上帝或神的本质是"理性、爱、意志的统一"，因此人也是理性、爱、意志的统一，也就是说人作为对象性存在物，其不仅具备类本质，而且具备爱的本质、理性的本质、意志的本质，而这些就是费尔巴哈口中"现实的人"的本质。总的来说，费尔巴哈概念里的"现实的人"的本质包含了其对人的本质新发现的一切内容，是费尔巴哈人的本质思想的概括。

费尔巴哈人的本质思想的确立主要是通过两方面来实现的，一方面是反驳从客观事物出发的思辨哲学，他认为将主体客体化为绝对精神就是远离了人本身；另一方面是否定将人性异化为上帝的宗教神学，他认为尘世生活的人将自己的本性寄托于虚妄的上帝或神，实质上就是"人性的颠倒"。费尔巴哈在对宗教神学和黑格尔思辨哲学的批判与反驳中，确立了"现实的人"的主体地位，并用感性人性论替代了以往的抽象人性论，将人从虚妄的、伪善的天国带到了现实的、活灵活现的人间，而这也是费尔巴哈哲学最重大的成就。这一成就为人学的发展确立了新的原则、指明了新的方向，为唯物主义的发展奠定根基，也为马克思人学思想的兴起提供了思想渊源。

首先，"现实的人"的本质的确立为人学的发展指明了方向。在费尔巴哈看来，宗教神学和思辨哲学实质上都是在解说人及人的本质问题，只不过方式不同罢了，宗教神学以神性来代替人性，以神人颠倒的方式来说明人的本质；而思辨哲学是以思辨的方式来说明人性。总而言之，他们都不过是以一种颠倒的、以反映人的本质为对象的人本学。① 由此，费尔巴哈在批判了旧哲学之后，还为近代哲学确立了两个基本任务。其一，将宗教神学与思辨哲学中"上帝"（"神"）和抽象的概念"人化"和"现实化"。其二，将宗教神学与思辨哲学转化为人本学，并溶解于人本学。② 在费尔巴哈看来，对宗教神学与思辨哲学的批判，恢复了感性存在的人的主体地位，因而其余一切科学，诸如文学、艺术、政治等，他们在本质上也都是关于人及人的本质的科学。③ 因此，在费尔巴哈看来，研究现实的人及其本质是人学研究的基本内核，也是展开其他一切研究的基础和前提。换句话说，费尔巴哈将人及人的本质确立为未来哲学的主

① 参考费尔巴哈《关于哲学改造的临时纲要》。费尔巴哈在文中一开始就这么说："神学的秘密就是人本学，而思辨哲学的秘密就是神学。思辨哲学将普通神学由于畏惧和无知而放到彼岸世界的神圣实体移植到此岸世界中来，亦即将它现实化了，确定了，实在化了。"（［德］路德维希·费尔巴哈. 费尔巴哈哲学著作选集：上卷［M］. 荣震华，李金山，等译. 北京：商务印书馆，1984：101.）

② ［德］路德维希·费尔巴哈. 费尔巴哈哲学著作选集：上卷［M］. 荣震华，李金山，等译. 北京：商务印书馆，1984：122.

③ 注：参考费尔巴哈《未来哲学原理》第55条。费尔巴哈说道："艺术、宗教、哲学或科学，只是真正的人的本质的现象或显示。"（［德］路德维希·费尔巴哈. 费尔巴哈哲学著作选集：上卷［M］. 荣震华，李金山，等译. 北京：商务印书馆，1984：184.）

要研究对象，这为人学的发展指明了前进的方向。马克思就是在费尔巴哈的这一观点的基础上，开创了马克思主义人学思想的开端。从博士论文到《资本论》的完成，可以发现马克思始终将对人的本质问题的研究作为其哲学思想演进的中心脉络，尤其是在马克思的青年时期，从《莱茵报》到《关于费尔巴哈的提纲》问世的这一阶段，马克思都始终将揭示人的本质作为哲学研究的主要对象，而在这一研究过程中，马克思发现了一个惊天大秘密，即唯物史观。由此也将马克思对人的本质的研究带入了一个新的研究阶段。

其次，"现实的人"的概念为唯物主义的发展奠定了基础。尽管费尔巴哈为了使自己与庸俗唯物主义者区别开来，而不承认自己的哲学就是唯物主义哲学，但不容否认的是其整个哲学思想都弥散着唯物主义的光芒。正如马克思所言，与"纯粹的"唯物主义相比，费尔巴哈的唯物主义有明显的优点，这种优点主要体现在"人是感性对象"上。详细地讲，费尔巴哈的人本主义是从现实的人存在的客观性角度来探究与主体相关的所有问题的，并且将与现实的人相关的一切问题都视作关于人的本质的问题来探讨。于是，关于"现实的人"的研究实质上也就是关于人的本质问题的研究。在这一点上，费尔巴哈恰好与宗教神学和思辨哲学的做法完全相反，也就是说费尔巴哈将客观存在的人由神学或抽象意识中拖回到了现实的自然界中，实现了从唯心主义到唯物主义的转换。费尔巴哈在人的本质观上的这一伟大成就对此后的哲学家产生了巨大的指导意义，人们也将其哲学思想统称为"人本学"或"人本主义"，抑或是"人本学唯物主义"。马克思也是在费尔巴哈"现实的人的本质"的启发下，迅速地从黑格尔的思辨唯心主义思想中觉醒。他在汲取了费尔巴哈"现实的人的本质"观点的精华的基础上，还吸取了辩证法的精髓，从辩证唯物主义的立场上完善了"现实的人"的理论内涵，为唯物主义的进一步发展奠定了深厚的根基。①

最后，费尔巴哈赋予了"现实的人的本质"以主体概念，为人学的发展提供了方法论依据。众所周知，费尔巴哈是在对宗教神学和思辨哲学的批判中确立了人本学思想的，而其"人本学"的观点也是在这一过程中建立的。从宏观的立场来总结费尔巴哈的"人本学"思想，主要包含了两个内容。其一，将被宗教神学和思辨哲学所遮蔽的人的真实的本质还原。费尔巴哈以"还原法"（又称"颠倒法"）将思辨哲学和宗教神学还原为费尔巴哈的"人本学"，将潜藏在宗教神学和思辨哲学神秘面纱背后的抽象的、缥缈的人的本质还原为自然存在的、活生生的、人的现实本质。其二，确立了"感性直观"的人的本质的研究方法。宗教神学对人的本质的认识是以想象和幻想的方式来塑造一个超现实的、超感性的、抽象的人，而思辨哲学则是依靠哲学思辨的力量在头脑中抽象地设定一个人及人的本质，而这却是"离开人的、没有感觉的理性本质"。无论是想

---

① 注：马克思认为费尔巴哈所说的"现实的人"只是感性存在的对象，并不是"感性的活动"，这说明费尔巴哈对"现实的人的本质"的认识也仅仅停留在静态的理论领域，并未从辩证的角度来认识"现实的人"，也因此费尔巴哈只能看到人这个"类"的内在生活，而不能清楚明白地关注到人这个"类"的外在生活，即人与人相互交往的社会联系。而人的外在生活才更能突出人的现实性特征。在马克思看来，费尔巴哈尽管发现了"现实的人"的本质，但却依然停留于"抽象人性论"上，而其所揭示的人的理性本质、爱的本质、"类"的本质、感性的本质等都只是将人理想化的、在情感范围内的界定。

象、幻想还是哲学思辨,这两种方式的共同点都是将人及人的本质客体化了,费尔巴哈以"感性直观"的方式赋予了"人"以主体地位。更重要的是,费尔巴哈的"感性直观"是人的感觉对周围环境中存在的一切事物(人、自然、世界)的直观,而直观的万物一定是现实地、真实地和感性地存在着的。费尔巴哈"感性直观"方法的确立也就是告诉人们,再也不要像宗教神学和思辨哲学一样,靠想象、幻想或者是哲学思辨来认识人的本质,这样得出的只能是抽象的人的本质,只有以"感性直观"的方式才能认识现实存在的人。总的来说,费尔巴哈"人本学"的这两点内容代表了其在认识人的本质上所用到的两种方法,即"还原法"和"感性直观法"。尤其是"感性直观法"为后来马克思的人学研究提供了方法论依据,在其著作中我们就可以看到,马克思在对人的本质、人的需要、劳动等方面的研究上都运用了费尔巴哈的"感性直观法",但不得不提的是,费尔巴哈的"感性直观"由于缺乏历史观、辩证法的因素,存在着诸多弊端,因此马克思在建立了唯物史观之后,便摒弃了费尔巴哈的"感性直观"方法。但尽管如此,我们也无法否认费尔巴哈的"感性直观法"为人学的发展所带来的巨大贡献。

综上所述,费尔巴哈通过对宗教神学和思辨哲学的批判,建立了以"现实的人"为主要内容,以"感性直观"为主要研究方法的人的本质理论。该理论对马克思人学思想的发现和建立,以及唯物主义的发展都具有重要的指导意义。此后,以"现实的人的本质"为起点,人们对自我的认识进入了一个新的阶段。

第三节　费尔巴哈对人的本质思想的抽象理解

　　回顾整个人学发展史，费尔巴哈以人的本质思想为主要内容的"人本学"研究对人学的发展起到了至关重要的作用。然而，费尔巴哈人的本质思想却是脱离了社会历史的发展而得出的研究结论，因此，其对人的本质的认识难以避免地带有一定的"抽象性"。马克思就曾直截了当地指出费尔巴哈思想中的这个缺陷，他说："费尔巴哈设定的是'人'，而不是'现实的历史的人'。"① 可以说，在马克思的眼中，费尔巴哈通过对宗教神学和思辨哲学的批判而确立的"人"依然不是具体的人，也仍然带有某些抽象的因素，所以说费尔巴哈对人的本质的理解仍然是具有抽象性质的。

一、从感性直观而非感性活动中认识人

　　正如前文所言，"感性直观"是费尔巴哈探索人的问题的基本方法，该方法是费尔巴哈从对宗教神学和思辨哲学的批判中提出认识客观事物及其本质的方法。相比较思辨哲学的抽象性思维来讲，"感性直观"具有极大的优越性，它将"人性"从天国的彼岸世界及人的绝对精神中形象化到现实的、客观的自然界之中了。费尔巴哈正

---

　　① 马克思恩格斯文集：第1卷［M］．北京：人民出版社，2009：528.

是通过"感性直观"将"非现实的""非感性的""非实在的""抽象的人"转变为了"现实的""有血有肉的""感性存在的"自然人。从这个角度来讲，费尔巴哈以"感性直观"的方式打破了以往对人及人的本质的认识的抽象模式。但是，由于费尔巴哈对黑格尔的完全批判，其并未继承到黑格尔辩证法的理论精髓，以至于费尔巴哈的人本学缺乏社会发展的动态视角，导致了其对人及人的本质的认识依然是"抽象的"结果。

费尔巴哈以"感性直观"的方式认识人的本质，也为人的主体性地位做了论证，但是费尔巴哈所言的感性依然仅限于"哲学家眼中"的感性，并未将感性的世界与个人以及人的感性活动三者统一起来。也就是说，费尔巴哈所说的"感性的人"也仅仅是将人与感性统一于人的观念中，而在现实中二者却是分离的。换言之，费尔巴哈对人及人的本质的认识仍然停留在观念里，而并没有从真正的现实的生活中来认识现实的人。正如马克思在《德意志意识形态》一文中所指出的，费尔巴哈过多地依赖"感性直观"，而始终无法看到其周围的感性世界绝不是某种"始终如一的东西"，而是现实的人们世世代代"活动的结果"。① 因此，马克思指出，要想真正地认识人及人的本质就必须通过"感性活动"而非"感性直观"来认识。因为在"感性活动"中，现实与活动实现了统一，感性真正成了现实历史中的人本身。"感性活动"是一个与"感性直观"不同的概念。所谓的"感性活动"简单地说是指现实的人的活动，但这个

---

① 马克思恩格斯文集：第1卷［M］．北京：人民出版社，2009：528.

"活动"里包含了人的存在（感性存在与现实存在）与人的本质的统一、人的生命活动与精神活动的统一。① 在两个统一中，人不仅实现了自我塑造和自我发展，也实现了人化自然和自然的人化，而自然的历史与人的历史也在人的"感性活动"中相互生成、共同发展。

遗憾的是，费尔巴哈只发现了"感性直观"却没有发现"感性活动"，因此他最多只能意识到人的感性存在和现实存在，只能简单地发现人与动物最基本的、一般的区别，而看不到人在社会生活及历史发展中所表现的内在的本质，也无法深入地理解人与自然界之间的物质生产交流活动，更不能深刻地认识到人与人之间以及人与社会历史发展变化间的内在规律。由此我们可以说，费尔巴哈发现的"感性直观"只是认识人的开端，而要想真正认识人及人的本质，就必须从感性活动的角度将人置身于整个社会发展的过程中来认识，

---

① 注：马克思的"感性活动"是一个意蕴深远、内涵丰富的概念，它既包含人的生命活动与精神活动的统一，也包含了人的存在与人的本质的统一。首先，"感性活动"是人的活动，它是人的生命活动与精神活动的统一。"感性活动"表明了人们将自己的生命活动本身看作是自己的意识对象，正如马克思所说："动物不能把自己同自己的生命活动区别开来。它就是这种生命活动。人则使自己的生命活动本身变成自己意识到的对象。他的生命活动是有意识的生命活动。"（参考马克思恩格斯全集：第42卷［M］．北京：人民出版社，1979：96．）正是人的有意识的生命活动将人与动物世界区别开来，换句话说，人的"类本质"特征使人的生命活动与精神活动同一于人的"感性活动"中。其次，"感性活动"还是人的存在与人的本质的统一。人的存在包含感性存在与现实存在，它是指人的"感性活动"中的存在，而并非像费尔巴哈所认为的那样，人的存在只是观念中的存在。马克思认为在"感性活动"中，人的存在与人的本质之间存在一种内在张力，这种张力使人在活动中不断地否定自己、生成自己，而这就是人及人的本质的辩证法。

只有这样的人才是具体的、现实的人。然而，费尔巴哈仅仅将宗教神学和思辨哲学中抽象的"神""上帝""绝对精神"归结为人的本质对象化的产物后，便"停滞不前"了。人虽然从彼岸世界回归到了此岸世界，但是人也仅是以自然的方式存在的抽象的人。他并没有将人置于动态的、辩证的环境中来考察，没有意识到人与动物最根本的"类本质"不是意识，而是自由自觉的活动，人是通过自由自觉的活动来与自然、人建立联系的。换句话说，费尔巴哈只是从"感性直观"而非"感性活动"中认识人及人的本质，因此他只能认识到感性的、自然存在的人的本质，而无法通过"感性活动"深入地了解到人与自然、人与人之间的动态的、发展的、变化的、具体的、现实的关系和规律，因而也就无法认识到人的真正本质。

二、从人的对象性存在而非对象性活动中认识人

马克思说："费尔巴哈与'纯粹的'唯物主义者相比有很大优点：他承认人也是'感性对象'。"① 费尔巴哈以"感性直观"的方式将人理解为现实的、感性的、有血有肉的并处于一定的感性对象关系中的人，这是对人及人的本质认识方式的突破。但是在马克思的观点中，仅仅从对象性存在而非对象性活动中是无法认识到人的真正本质的。因为对象性存在将人局限于静态的理论领域中，认识的也只是作为自然界一部分的具有自然属性的人，而没有从"现实

①　马克思恩格斯文集：第 1 卷［M］．北京：人民出版社，2009：530.

存在的、活动的人"中认识到具体的人。马克思用"对象性活动"一词替代了费尔巴哈的"对象性存在",并赋予了"对象性活动"两层含义:一是任何存在物都是"对象性关系"中的存在;二是任何对象性存在都属于"对象性活动"。也就是说,在马克思的观点里,只有在"对象性关系"中的存在才是"对象性的存在","对象性的存在"才是"存在"。这句话的意思就是说,任何实体或者客观的存在物的存在并不是由主体的抽象思维来规定的,而是在"对象性的关系"中客观存在的。换句话说,客观存在物只能被理解为"对象性的存在",而存在物存在的关系也只能被理解为"对象性的关系"。马克思以"对象性关系"的说法结束了传统哲学将主体与客体分离的存在状态,将主客体以"对象性"的方式纳入统一体中。简而言之,任何存在物,如果与作为主体的人之间没有"对象性的关系"存在,那么它只能是"非存在物",只能是"被抽象地孤立地理解的、被固定为与人分离的自然界,对人来说也是无"①。另外,马克思还指出,任何对象性的存在都是对象性的活动。也就是说,任何存在物不仅在对象性的关系中存在着,还在对象性的关系中活动着。由此,马克思就打破了费尔巴哈等近代哲学家们以静态的、抽象的视角来认识作为"主体"的人的方式,而建立了在"对象性活动"中来认识具体的、现实的"主体性"的人的方式。也就是说,在马克思的观点里,一切实体或存在物的存在只能表现在动态的活动中。对人及人的本质的认识也应如此。认识人的本质就得

---

① 马克思恩格斯全集:第42卷 [M].北京:人民出版社,1979:178.

了解"人通过人的劳动诞生的过程",还要在"自然界对人来说的生成过程"中认识人。因为"对象性活动"中既包含了主体性的人,还包括了客体性的自然界,是人与自然的统一。

然而,费尔巴哈只发现了"对象性存在"却并未意识到"对象性活动",由此,费尔巴哈仅仅复归了人的"主体性"地位,但并未能深入地认识到人的内在本质。具体来讲,主要有以下几点:第一,费尔巴哈以存在论的角度来认识人及人的本质,并未从主体的"人"与其客观对象之间的实践关系的角度来认识人。费尔巴哈通过对宗教神学和思辨哲学的批判,揭开了它们的神秘面纱,并指出宗教中的"神"或者"上帝"以及思辨哲学中的"绝对精神"其实都是人的本质的对象性存在。于是,费尔巴哈将神性进行了颠倒,将它们与自然界的其他存在物进行比较来确定人的本质,由此,费尔巴哈认为人的本质是意识,是理智、意志、爱等。马克思认为,人的本质是在人与客观自然界长期的对象性活动中不断生成和发展着的。换句话说,人们在与客观世界的对象性活动中不断地生成、发展、丰富着人的本质。第二,费尔巴哈虽然也认识到了"活动",但仅局限于"思维活动",并未意识到所谓的"思维活动"是人的"对象性活动"的基础和结果。费尔巴哈在批判思辨哲学和宗教神学的过程中,发现了所谓的"神""上帝""绝对精神"都是神学家和思辨哲学家思维活动的产物,费尔巴哈已经发现了人的思维活动具有创造的能力,而哲学、宗教、艺术、道德等也都是人的思维活动的结果。但遗憾的是,费尔巴哈对实践活动的理解,仅仅停留于人脑中,并未付诸"对象性活动"中,所以费尔巴哈未能真正揭示人的本质。第三，费尔巴哈仅仅发现了自然界是作为人的感性对象而存在的，但却并未将自然界理解为人的活动对象。费尔巴哈的人本主义主要包含了两部分内容：自然界和人。也正因此，费尔巴哈将自己的哲学称作关于"自然和人"的学说。① 费尔巴哈在自己的著作中反复揭示了人与自然界之间的关系，一方面是为了揭示人与自然界都是现实的、感性的、对象性的存在物的客观事实，另一方面是为了揭穿宗教神学和思辨哲学将自然界与人看作是"神""上帝""绝对精神"的创造物的荒谬性。但令人遗憾的是，费尔巴哈对自然界与人的认识仅仅停留于对象性存在上，却并未诉诸对象性的活动上，他仅仅是证明了自然界与人是感性的、对象性的、客观的存在，却并未从主体方面认识到自然界其实是作为人的活动对象而存在的。费尔巴哈只是意识到自然界对人来说的重要性，但并没有意识到没有人的对象性活动，自然界自身是无法满足人的各种需要的。所以，费尔巴哈对自然界和人的本质的认识只是静态的、表面的、肤浅的。由于其没有发现自然界是人的活动对象，没有从实践、活动的方式认识自然界这个对象性存在，以至于费尔巴哈没有发现自然与人之间的认识与被认识、改造与被改造的动态关系，而人及人的本质就是在这样的动态关系中生成与发展的。

综上所述可以发现，费尔巴哈仅仅是意识到了作为主体性的"人"是对象性的存在，而并未意识到作为"对象性存在"的人是通过对象性的活动来与客观对象建立联系的，更未意识到人是在对

---

① ［德］路德维希·费尔巴哈. 费尔巴哈哲学著作选集：下卷［M］. 荣震华，王太庆，刘磊，译. 北京：商务印书馆，1984：523.

象性的活动中确证、发挥和生成自己的本质的。费尔巴哈虽然在批判宗教神学和思辨哲学的基础上，将人回归到了自然界，并且也意识到人是万物的主体，人与自然界之间是主体与客体之间的关系，但由于没有认识到对象性活动的存在，因而并未在自然界与人之间架起实践活动这个真正的桥梁。因此，其对人及人的本质的认识只能片面地停留于对象性存在上，无法深入社会历史发展的内在机理并从中认识人及人的本质。

三、未从历史活动中认识人的本质

费尔巴哈通过对宗教神学和思辨哲学的批判，将人从彼岸世界带回到此岸世界中来，确立了"现实的人"的概念。但马克思却批判了费尔巴哈的"人"，认为费尔巴哈的"人"是脱离了"现实的历史"的"人"，依然是"抽象的人"。① 之所以如此，根本原因就在于费尔巴哈缺乏辩证思维方式，且对人的认识仅仅局限于哲学抽象的范畴内，并未将人置于现实的、自由自觉的、社会历史活动的动态状态中来了解，并未意识到人也绝不是"开天辟地以来就直接存在的、始终如一的东西，而是工业和社会状况的产物，是历史的产物，是世世代代活动的结果"②。由于费尔巴哈没有从历史活动中

---

① 注：马克思、恩格斯在《德意志意识形态》一文中，这样说道："费尔巴哈所设定的'人'，不是'现实的历史的人'。"（参考马克思恩格斯文集：第1卷［M］．北京：人民出版社，2009：528.）

② 马克思恩格斯文集：第1卷［M］．北京：人民出版社，2009：528.

来认识"人"，因而他的"现实的人"也只能是"抽象的人"。

首先，费尔巴哈辩证思维的缺乏使其无法发现和意识到实践活动的特殊意义，因而也就无法意识到"现实的人"实际上就是指"在历史中行走的人"。在这里需要说明两点：其一，费尔巴哈并不是没有发现实践，他不仅发现了实践，还看到了实践与认识之间存在着某种关系，他说过："理论所不能解决的那些疑难，实践会给你解决"①，但遗憾的是费尔巴哈没有真正了解人的社会性，以至于他无法了解人的实践的社会性，不了解"'革命的''实践批判的'活动的意义"②，最终也只能把实践简单地归结为一个个体与另一个个体的生活关系，理解成某种满足个人需要的独立存在的东西。因此，在费尔巴哈眼里，实践是"直观的""不洁的"，且不是真正的人的活动，只有理论的活动才是真正的人的活动。其二，费尔巴哈也不是一个完全缺乏历史视野的人，他的哲学思想里是包含了"历史唯物主义的萌芽"的。比如，在《基督教的本质》中，费尔巴哈就曾这样说过："他坚定不移地相信许多东西虽然在今天还被一些人看作'纯粹的幻想'，但是到了明天或者下个世纪，就将具有'完全的现实性'。"③ 由此可见，费尔巴哈意识到了人在历史发展中所具有的某种生成特性，但令人遗憾的是，其仅仅只是蜻蜓点水般地一提，并未做深入分析和论述，也并未将"现实的历史中的人"作为其认

---

① 费尔巴哈. 说明我的哲学思想发展过程的片段 [M].//费尔巴哈哲学著作选集：上卷. 北京：生活·读书·新知三联书店，1962：248.
② 马克思恩格斯文集：第1卷 [M]. 北京：人民出版社，2009：499.
③ ［德］路德维希·费尔巴哈. 费尔巴哈哲学著作选集：下卷 [M]. 荣震华，王太庆，刘磊，译. 北京：商务印书馆，1984：12.

识和考察的对象。由以上两点可以发现，费尔巴哈曾经接近过真理，但最终又远离了真理。究其原因就在于，费尔巴哈对哲学所做的一切发现和说明，其最终目的就是揭穿宗教神学和思辨哲学"抽象人性论"的实质，然后将"现实的人及本质"确立为其新哲学的主题。也正因为如此，费尔巴哈既发现不了实践活动的意义，又无法真正意识到"现实的人"实际上就是指"在历史中行走的人"，也由于没有意识到这两点，费尔巴哈对人的认识依旧没有逃脱"抽象的人"这个"五指山"。

其次，由于费尔巴哈未将"现实的历史中的人"作为其认识和考察的对象，因而就无法真正揭示出人类历史发展的客观规律，而其对人及人的本质的认识也就永远停留于"抽象的人"之上。费尔巴哈对宗教神学和思辨哲学进行批判的根本目的就是揭露现实的人被"神""上帝"等抽象的东西所奴役和异化的真相。如费尔巴哈在《基督教的本质》中说："为了使上帝成为富有，人就必须赤贫；为了使上帝成为一切，人就成了无。"① 费尔巴哈认为思辨哲学在本质上与宗教神学是一样的，其用绝对精神、意志、观念等来统治着现实的人。费尔巴哈希望通过对宗教神学和思辨哲学的批判，使"现实的人"从抽象的泥淖里得以解脱。但是，费尔巴哈却将"人的解放"这一伟大使命仅仅置于哲学抽象中来进行解答和探讨，"人的解放"最终也只能沦为口号而没有实现的可能。正如马克思所言：

---

① ［德］路德维希·费尔巴哈. 费尔巴哈哲学著作选集：下卷［M］. 荣震华，王太庆，刘磊，译. 北京：商务印书馆，1984：52.

"只有在现实的世界中并使用现实的手段才能实现真正的解放。"①
马克思所指的现实的世界是包含了人类历史发展的世界，只有将人
置于历史发展中进行考察，才能看到现实发展变化的规律和条件，
才能真正找到实现人的解放的现实道路。而费尔巴哈并没有意识到
"现实的人"其实是"现实历史中的人"，因而也无法揭示出社会历
史发展的客观规律。所以，其对现实的人的认识也只能停留于"抽
象的人"之上。

　　最后，费尔巴哈对人的考察仅仅局限于哲学领域，并未将现实
的历史纳入其考察的范畴之内。费尔巴哈通过对宗教神学和思辨哲
学的批判建立了"人本学"，并将一切关于人的学说也都纳入了
"人本学"的范畴之内，这种做法与旧哲学相比是具有明显的进步意
义的。但遗憾的是，费尔巴哈对人的认识也止步于此了，其对人及
人的本质问题的探讨也被拘囿于抽象的"理论领域"中，并将自己
的"人本学"称为"新哲学"。而费尔巴哈所自诩的"新哲学"只
是打上了人本主义烙印的人本学，其倡导的"现实的人"及"现实
的自然界"也仅仅停留于哲学的理论层面上，并未对其在实践中的
运动变化发展等的现实状况做出科学的阐释。而真正的"现实的人"
一定是处于运动变化发展过程中的人，人的运动变化发展的过程就
是人的历史。"正像一切自然物必须形成一样，人也有自己的形成过
程即历史。"② 费尔巴哈将"现实的人"置于人的历史之外来考察人
的本质本身就是不完全的。此外，正如前文曾提到过的，费尔巴哈

---

① 马克思恩格斯文集：第 1 卷［M］．北京：人民出版社，2009：527.
② 马克思恩格斯文集：第 1 卷［M］．北京：人民出版社，2009：211.

也是知道历史视角的，只不过他对历史的理解仅仅局限于理论上，毕竟费尔巴哈未曾认真地研读过人类历史，更没有从历史视域中分析政治、经济、文化等的发展脉络，更别提深厚的历史底蕴和宽广的历史视域了，由此也注定了费尔巴哈对"现实的人"的理解不能深入历史的根源中去，只能停留于哲学领域，也就导致了费尔巴哈在恢复了唯物主义权威的同时又陷入了唯心主义的窠臼之中。

总而言之，费尔巴哈在探讨"现实的人"时，过多地强调哲学之维，而忽视了历史之维，以至于其对"现实的人"的本质的理解依然停留于"抽象的人"上。

第二章

马克思人的本质观的思想演变历程

　　人的本质观是马克思哲学思想演进的中心线索。在其哲学思想演进的过程中，马克思关于人的本质的认识也经历了一个由唯心主义到唯物主义、由抽象神秘到具体科学的发展过程。通过对马克思哲学思想发展史的探究，我们将其人的本质思想的形成划分为三个阶段：从《青年在选择职业时的考虑》到《德法年鉴》时期，我们称作马克思人的本质思想的孕育阶段；从《1844年经济学哲学手稿》到《德意志意识形态》，我们称作马克思人的本质思想的成型阶段；从《哲学的贫困》到《资本论》的问世，我们称作马克思人的本质思想的深化与发展阶段。详细地讲，马克思人的本质思想的第一个阶段——孕育阶段，当时的马克思是青年黑格尔派的成员之一，其对人的本质的认识带有强烈的唯心主义色彩；而到了第二阶段——成型阶段，马克思不仅超越了黑格尔的唯心主义辩证法，也逐渐超越了费尔巴哈的人本主义，卢格、鲍威尔、赫斯①等青年黑格尔派的人道主义，逐渐地创立了自己的唯物史观，实现了从唯心主义向唯物主义、从革命民主主义向共产主义的转变，而其关于人的本质的思想的基本观点也在这个过程中正式形成；第三阶段——深化与发展阶段，在这一阶段马克思的另两个思想结晶，即科学社会主义和剩余价值学说应运而生，而其对人的本质的认识也在这一过程中逐渐得到深化和发展。马克思通过对工人运动的考察和对资本主义社会发展规律的揭示，开启了对人类命运的思考，并提出了实现人的自由全面发展的美好愿景。

认真梳理马克思人的本质思想的演变历程，我们可以发现两个明显的特征：其一，急促而剧烈。这个特点在其思想生成的第一、第二个阶段尤其明显。从 1840 年马克思撰写博士论文到 1846 年完成《德意志意识形态》，短短的六年时间里，马克思翻越了一个个思想的高峰，克服了一个个对立的哲学体系，历经了数次的批判与清算，实现了从唯心主义到唯物主义，从自然主义到人本主义，最后到马克思主义的演变和发展。也就是在这六年里，马克思克服了黑格尔、费尔巴哈等前辈以及与其同时代的战友的思想局限性，这既是当时封建专制社会与资本主义社会的尖锐矛盾激化的结果，也是与社会发展相对应的思想发展突破性的产物，当然，也与马克思聪

---

① 注：阿尔诺德·卢格（1802—1880）、布鲁诺·鲍威尔（1809—1882）、莫泽斯·赫斯（1812—1875）都是青年黑格尔派的主要成员。卢格是政治家，曾与马克思共同创办过《德法年鉴》；而赫斯是"真正的社会主义"（小资产阶级）的主要代表。尽管他们对人的本质的认识都不相同，但都是抽象的人道主义的代表者，他们的思想后来被马克思所批判。

颖的天资及其努力密切相关。马克思哲学思想演变过程中呈现出的急促性特点，使其关于人的本质的思想似汹涌的波涛般气势磅礴。通常，在其上一部著作中还带有明显的黑格尔思辨哲学的痕迹，但却在随后的著作中被批判和扬弃了；一部著作中借用费尔巴哈人本主义的思想，但下一部中立马就开始破旧立新提出了自己的哲学思想。这一个过程往往就在几个月抑或短短几年内完成，马克思这种思想的发展速度急促而剧烈。所以，后世的学者们在研究马克思的思想时，总是无法精确地找到划分其思想的时间脉络，无法清楚地厘清马克思扬弃黑格尔和费尔巴哈形成自己哲学思想的时间节点。而很多学者甚至因此造成了思想的混乱，他们要么将马克思与黑格尔混淆，要么将其与费尔巴哈进行整合，要么直接忽视马克思的思想与青年黑格尔派其他成员的思想之间的差别，抑或用其晚期著作中的思想来批驳其早期著作中的思想。马克思人的本质观不仅是马克思哲学思想演变的主线，也是学术界探究马克思思想发展史的中心线索。由此，系统梳理马克思人的本质观的思想演变过程成了探究马克思思想的核心。

马克思人的本质思想的生成过程呈现的第二个特点是其并不是孤立的，而是与唯物史观的形成过程相统一的，也在马克思科学社会主义和剩余价值学说的创立中得到深化和发展的。马克思对人的本质的揭示是围绕着对社会发展的客观规律的认识展开的，对人的命运及人性解放的认识也是与对经济运动的揭示息息相关的，在马克思的观点里，人与社会是不可分割的，人不能脱离社会，社会也不能脱离人的存在，否则，人与动物就无异了。既然无法脱离社会来认识人，那么也就无法将唯物史观与人的本质相割裂。唯物史观形成后，马克思继续深化其社会发展规律的认识，其人的本质思想也在科学社会主义和剩余价值学说的创立中得到进一步深化和发展。

以上两点表明，对马克思人的本质思想的生成逻辑进行系统整理和阐述具有重大的理论意义和现实意义。

第一节　孕育阶段：从《青年在选择职业时的考虑》到《德法年鉴》

在《德意志意识形态》中，马克思曾说过，从 1842 年到 1845 年的这几年时间里，德国思想界发生了重大事件——青年黑格尔派的哲学运动，该运动是紧紧围绕着黑格尔哲学的解体而展开的，[①]而马克思的哲学思想就是萌芽于黑格尔思辨哲学体系的解体之中的。翻阅马克思主义哲学的发展史我们可以发现，从 1842—1845 年前后，正是马克思撰写博士论文（1839 年年初—1841 年 3 月）到《德法年鉴》（1843 年—1844 年）的时期。在这个时期，马克思经历了从唯心主义向唯物主义、从革命民主主义向共产主义的重要转变，这也是其科学世界观创立前的准备阶段。

人的本质思想作为马克思哲学的中心线索，它与马克思科学世界观的发展一样，此时也正处于重要的孕育阶段。在这一阶段，马

---

① 马克思恩格斯文集：第 1 卷［M］．北京：人民出版社，2009：514—515．

克思逐渐完成了对黑格尔思辨哲学的批判，也逐渐将自己从青年黑格尔派中厘清出来，逐渐从唯心主义向唯物主义转变。如第一章所论述的，作为马克思哲学中心线索的人的本质问题最初是源于马克思对西方哲学中人的问题的探究，尤其是黑格尔的"自我意识"思想。那么，深入考察、分析马克思早期的人的本质思想，就有助于我们梳理出马克思是怎样一步步借鉴、吸收和扬弃西方的哲学思想（尤其是黑格尔哲学思想）并逐渐从唯心主义转向唯物主义的。

一、对抽象人性观的"认同"与"质疑"：从《青年在选择职业时的考虑》到《莱茵报》

马克思于 1835 年毕业于特里尔中学。毕业前夕，马克思写了一篇题为"青年在选择职业时的考虑"的作文。在该篇文章中，马克思承认了上帝的存在，认为是神给人类指定了一个共同的目标——使人类和他自己趋于高尚，并"让人类自己去找寻可以达到这个目标的手段"，是"神让人在社会上选择一个最适合于他、最能使他和社会得到提高的地位"。① 由此可见，中学时期的马克思还是个唯心主义者，对人的本质的理解也是唯心的、抽象的。因此，此时的马克思承认资产阶级思想家所宣扬的"人类天性"，他说："人类的天性本来就是这样的：人们只有为同时代人的完美、为他们的幸福而工作，才能使自己也达到完美。"② 可见，马克思当时的幸福观、社

①　马克思恩格斯全集：第 1 卷［M］．北京：人民出版社，1995：455.
②　马克思恩格斯全集：第 40 卷［M］．北京：人民出版社，1982：7.

会历史观等都是以抽象的、资产阶级唯心主义人性观为基础建立起来的。

中学毕业后的马克思先入波恩大学，后又转入了柏林大学学习。在校学习期间，马克思逐渐意识到正确的哲学观对科学理论研究的重要性。于是，马克思致力于哲学研究，欲从哲学中探寻到解决人与社会问题的锁钥。而在当时的德国哲学界，黑格尔哲学正占据着统治地位，彼时的马克思深受黑格尔思辨哲学的影响，是"青年黑格尔派"中的一员。布鲁诺·鲍威尔、卢格、马克思等这些"青格派"试图借助黑格尔辩证法思想的力量在对黑格尔唯心主义体系的批判中思考人与社会的问题，从而揭开社会发展的秘密。由此他们建立了"批判哲学"和"行动哲学"。但遗憾的是，他们对黑格尔哲学的一系列批判是拘囿于黑格尔哲学的旧圈子内的，其所建立的"批判哲学"和"行动哲学"依然是建立在认为世界历史只是自我意识发展的结果，这个黑格尔唯心主义思想的基础上的。尽管他们对基督教和国家制度进行了深刻批判，但依然没有超越自我意识的范畴体系。而古希腊时期的伊壁鸠鲁哲学、斯多葛主义、怀疑论哲学等作为自我意识哲学在历史上的第一个形态受到了"青年黑格尔派"的重视，青年马克思甚至将它们称为"理解希腊哲学的真正历史钥匙"①。为了深入探究自我意识哲学中的人和社会的问题，马克思在其博士论文中开始致力于研究德谟克利特的自然哲学与伊壁鸠鲁的自然哲学之间的差别，试图通过对这种差别的比较来为人的问

---

① 马克思恩格斯全集：第2卷［M］. 北京：人民出版社，2005：377.

题做自然基础的论证。

马克思在博士论文中将"自我意识"作为研究的主体概念，也将其作为考察人的问题的前提和基础。在博士论文中马克思深入考察了德谟克利特的自然哲学与伊壁鸠鲁的自然哲学之间的差别，他认为在德谟克利特的观点里，原子是一种经验的、自然的存在；而在伊壁鸠鲁的观点里原子不仅是自然的存在，还是精神的存在。"原子不外是抽象的、个别的自我意识的自然形式"①，马克思以黑格尔式的抽象的语言直截了当地揭示了伊壁鸠鲁的唯物主义的原子论，认为伊壁鸠鲁的原子论其实是一种社会学说。更根本地讲，是关于人及人的自由的学说。只要证明原子的本质是自由的，也就直接地证明了人的本质是自由的结论，因为世间的一切（包括人）都是由原子构成的。由此，人的自由本质也在自然哲学的基础上得到了论证。于是马克思对德谟克利特的原子论进行了批判，认为德谟克利特只把原子看作一种自然存在，而不是看作自我意识的一种表现形式，自我意识的终极目的就是自由，偏离自我意识哲学的德谟克利特的原子论中推导不出人的自由本质的结论。相反，伊壁鸠鲁的原子论"作为自我意识的哲学"却体现了绝对自由的原则。伊壁鸠鲁认为原子在直线下落运动和原子碰撞运动的基础上还有第三种运动，即脱离直线的偏斜运动。原子之所以会发生偏斜是出于其本性的，"排斥是自我意识的最初形式"②。这种出于原子本性的偏斜运动既是对必然性的摆脱也是对偶然性的论证，说明了原子摆脱必然性的

---

① 马克思恩格斯全集：第 1 卷［M］. 北京：人民出版社，1995：54.
② 马克思恩格斯全集：第 1 卷［M］. 北京：人民出版社，1995：37.

束缚后可以获得自由。从另一个层面讲，伊壁鸠鲁的"原子偏斜说"打破了神秘的"宿命论"，肯定了"无神论"思想。自由作为自我意识的绝对原则，它既体现了人的能动性和活动性，也为"无神论"思想做了论证。由此，马克思在博士论文中将人的本质归结为自我意识，认为"自我意识具有最高的神性，不应该有任何神同人的自我意识相并列"①。

　　人的本质是自由，这是撰写博士论文时期的马克思及青年黑格尔派从黑格尔那里承继来的观点。但在黑格尔那里，自由是自我意识发展的最高阶段，它是精神完满统一后的境界，人作为自我意识的表现形式被消融于这个精神境界里。青年黑格尔派批判了黑格尔只在精神自身打转而忽视外在矛盾的思维方式，其将思维的触角从理论自身转向外部世界，要求从人与外部世界的关系中确立人的自由。在博士论文中，马克思详细地分析了德谟克利特的原子直线运动与伊壁鸠鲁的原子偏斜运动，从而使必然与自由的关系得到了论证。首先，马克思认为德谟克利特的原子是按照直线、必然性的、被决定的运动的思想，认为这违背了原子的独立本性，是完全排斥主动性和自由的"决定论"思想。马克思这里对"决定论"的理解是在自我意识哲学的范围内，否定那种完全抹杀自我意识的独立本性，抹杀个人自由的宿命论的观点。其次，马克思还指出了伊壁鸠鲁"原子偏斜说"的局限性。伊壁鸠鲁将原子的偏斜运动看作是对直线运动的"脱离"，认为这是对必然性的"逃避"，也是脱离世界

---

　　①　马克思恩格斯全集：第40卷［M］．北京：人民出版社，1982：190.

的"孤立"。马克思认为,伊壁鸠鲁这种逃脱外部环境关系而追求的自由是抽象的、无意义的,与此对应的,脱离社会关系来认识的人也必然是抽象的。但这个思想在博士论文时期仅是一个萌芽,对人的本质的认识依然是抽象的。

在博士论文中,马克思指出,哲学的目的就是追求和实现绝对的自由,这种自由是在哲学与世界的关系中实现的。而哲学与世界的关系就是"自我意识"和现实世界的关系。哲学从现实世界分离后又重新进入世界,并影响着世界的发展,然后又作为抽象的整体与现实世界分离,通过批判的手段与它对立,再重新决定世界的发展。在此可以发现,马克思已经显露出了摆脱黑格尔唯心主义、转向唯物主义的苗头。此外,马克思还从定在的自由出发,指出人只有结为一定的关系才能停止其为自然存在物的观点。可以发现,在其博士论文中也蕴含了马克思要从社会关系着手来发掘人的本质的唯物主义思想的萌芽。

在《莱茵报》工作时期,马克思亲眼见证了黑格尔的国家观与法哲学基本原则与封建普鲁士专制政府统治下的国家与法律现状之间的巨大矛盾冲突,客观上推动了马克思从思辨哲学主体的"抽象的人"中清醒过来,开始以革命民主主义者的身份关注现实状况中的人及"自由",以笔为武器,积极为人民的自由本质的复归而奋笔疾书、奔走呼号。在此期间,他深入社会生活,发现广大劳动人民是在剥削压迫的悲惨状态下生存的,而封建统治者所倡导的自由只是封建普鲁士贵族的自由,国家也只是私人利益的代表者,于是马克思在"世界的哲学化同时也是哲学的世界化"思想的影响下,试图以哲学为武器实现对现实世界的改造。其在《莱茵报》上共发表了 32 篇文章，"自由"是这些文章的共同主题。与博士论文时期从自我意识哲学的角度认识自由不同，此时的马克思从社会政治的现实问题出发，明确地将自由规定为人的本质。在《第六届莱茵省议会的辩论（第一篇论文）》中，马克思更是直截了当地指出，"自由是全部精神存在的类的本质"①，因为"自由确实是人所固有的东西"②。由此，马克思将是否能够体现人的自由本性作为衡量事物善恶好坏的重要标尺，"只有体现自由的东西才是好的"③。在其另一篇文章《评普鲁士最近的书报检查令》中，马克思对书报检查制度进行了指责，指出辩论人要想为书报检查制度做辩护，就应当去证明书报检查制度就是新闻出版自由的本质，而他们却并没有证明这点，相反却证明了自由并不是人的本质，为了维护贵族利益而摒弃了整个人"类"，自由究竟是不是人的精神存在的类本质（新闻出版的类本质）？马克思之所以这样说，是因为其认为"没有一种动物，尤其有思想的人，是戴着镣铐出世的"④，因而人的自由本质应该是人与生俱来的本质特征，人作为自由理性的类存在物，应该以自由的存在方式生存、活动。

　　显而易见，《莱茵报》时期的马克思对人的自由本质的认识不再是空洞的、抽象的了，而是带有明显的唯物主义的意味，这归功于

---

①　马克思恩格斯全集：第 1 卷［M］．北京：人民出版社，1956：67.

②　马克思恩格斯全集：第 1 卷［M］．北京：人民出版社，1956：63.

③　马克思恩格斯全集：第 1 卷［M］．北京：人民出版社，1995：171.

④　马克思恩格斯全集：第 1 卷［M］．北京：人民出版社，1995：171.

马克思将关注的焦点从抽象的自我意识中抽离，而转到当时社会政治斗争的现实状况中，并从思想、法律到国家，层层深入地探讨了人的自由的类本质。

首先，新闻出版自由是人的自由本质的实现。马克思认为，所谓的自由就是"全部精神存在的类本质"，思想则是精神存在的方式，思想自由就是精神自由。由此，出版自由与书报检查制度之间的矛盾问题就现实地转换为违背或适应人的自由本质的问题。法律允许写作自由，就代表了人有思想的自由，并可以自由地展示自己的精神思想；而书报检查制度的存在就是剥夺了人的这种精神上的自由权利。在《第六届莱茵省议会的辩论（第一篇论文）》中，马克思又说，"自由报刊是国家精神"，而书报检查制度就扼杀了这种精神，一个国家没有了出版自由，其余的自由都只是虚妄，而人的本质也就无法真正实现。

其次，法律是人的自由本质的现实表达。马克思在《第六届莱茵省议会的辩论（第一篇论文）》一文中写道："法律上所承认的自由在一个国家中是以法律的形式存在的……法典就是人民自由的圣经。"① 也就是说，在马克思的观点里，自由就是万物的真正本质，而法律就是该本质的实现者和表达者。也就是说，自由作为人的类本质，它也是法律的基本原理，遵循人的自由的本质的法律就是善法；反之，剥夺人民自由的法律则是恶法。封建普鲁士的现实法律只是满足了封建贵族、林木占有者等小部分群体的自由权，且他们

---

① 马克思恩格斯全集：第 1 卷［M］．北京：人民出版社，1995：176.

的自由权是建立在绝大部分劳动者不自由的基础上的，这种残酷的现实状况就是对人的自由理性本质的泯灭，而这种法律也被称作是恶法。由此，马克思将现实的法律分为人类的法和动物的法，并指出，"不自由的世界要求不自由的法，因为这种动物的法是不自由的体现，而人类的法是自由的体现"①，封建制度下的法律无法体现人的自由本质，其正是动物的法。马克思对封建普鲁士法律的批判也是对封建制度的否定，其希望通过革命真正建立一部善法，能够真正表达人的自由的本质。

最后，理性自由的国家是人的本质实现的保障。马克思在《〈科隆日报〉第179号的社论》中对封建国家观进行了深刻批判，并提出了带有黑格尔印记的理性自由的国家观。马克思认为，哲学应该是求助于理性而非感性的，而国家也理应是符合人性的国家。于是马克思紧接着指出，自由理性是人的本质，那种依据宗教来断定国家制度合理性的方式是错误的，而应该以自由理性为依据来建构国家。历史上的马基雅维利、斯宾诺莎、黑格尔等哲学家已经意识到要用"人的眼光"从理性和经验的角度出发来阐明国家的自然规律了，只有以理性自由为基础所建构的国家观才能有效地保障伦理的、政治的、法律的自由。马克思认为，建构国家的目的就是"使有道德的个人自由地联合起来"②，使国家能够成为"相互教育的自由人的联合体"③，因为只有这样的国家才是符合人性的国家。

---

① 马克思恩格斯全集：第1卷 ［M］．北京：人民出版社，1995：248.
② 马克思恩格斯全集：第1卷 ［M］．北京：人民出版社，1995：215.
③ 马克思恩格斯全集：第1卷 ［M］．北京：人民出版社，1995：217.

总而言之，从马克思撰写《青年在选择职业时的考虑》时期到他在《莱茵报》工作期间，由于受到传统的资产阶级人道主义思想及黑格尔思辨哲学的深刻影响，其在对人的本质的认识上，还是抽象的、唯心的，但却明显地呈现出了从"认同"到"质疑"的思想演变过程。在撰写《青年在选择职业时的考虑》一文时，马克思还是一名忠诚的有神论者，他以唯心主义的资产阶级的人性观作为其认识世界的理论基础。但到了撰写博士论文时，尽管马克思依然是站在唯心主义本体论的视角将人的本质规定为了"自我意识"，但是他却指出"人的自我意识具有最高的神性，不应该有任何神同人的自我意识相并列"。马克思从"自我意识"的主体概念出发，通过对德谟克利特与伊壁鸠鲁的原子论的考察，为人的自由本质做了自然哲学的论证，从而将视线从抽象的人渐渐地往感性的、自然存在的人身上转移。此外，马克思在"自我意识"哲学的基础上，指出只有辩证地看待人与环境、哲学与世界间的关系才能实现定在的自由，而人也只有结为一定的关系才能停止为自然存在物。由此，马克思对人的本质的认识也逐渐从神的奴役下解放了出来。到了他在《莱茵报》工作的时期，马克思通过对社会现实状况的考察，发现了理想与现实之间的种种矛盾，因而其哲学思想也有明显地从唯心主义到唯物主义转变的迹象。尽管此时其对人的本质的理性自由的认识相较于博士论文时期将人的本质规定为"自我意识"而言，更为深刻和具体，但是仍然带有黑格尔唯心主义的抽象印记。于是，马克思带着对社会现实的"苦恼的疑问"重新回到书斋进行沉思，开始从有血有肉的、现实的、感性的人中挖掘人的本质。

二、从抽象人性观向具体人性观的转变：从《黑格尔法哲学批判》到《德法年鉴》

在《莱茵报》工作时期，马克思已经意识到国家并不具有黑格尔把它当作绝对观念的体现而强加给它的那种合理性。同时，马克思还意识到宗教批判与政治批判也无法改变国家，只有根本地改造社会才能真正达到改造国家的目的，而对社会的改造首先就需要对社会关系的改造。随后，《莱茵报》的查封以及青年黑格尔运动的失败，使马克思对"自由"观念进行了深刻反省，同时也坚定了他对"国家是历史发展的动力"的观点的质疑。于是，马克思在1843年3月退出《莱茵报》后就致力于对黑格尔的法哲学进行批判，且开始从唯物主义的角度探究国家与社会间的关系。在这个过程中，费尔巴哈的哲学思想对马克思产生了巨大的影响。1841年夏，费尔巴哈《基督教的本质》一书出版了，其用人本主义的唯物主义揭露了宗教的起源和本质，说明了是上帝创造了人，人把自己的本质异化给了上帝。神性与人性的这一颠倒从根本上威胁到了黑格尔的思辨唯心主义，而这也迅速启发了马克思并加快了他从唯心主义转向唯物主义、从自由主义转向革命民主主义的进程。"离开黑格尔走向费尔巴哈"的马克思首先做的就是对黑格尔哲学，尤其是对国家与法的理论进行了一次系统性的批判，其撰写了《黑格尔法哲学批判》，并以此作为对费尔巴哈的《黑格尔法哲学》一文的回应。

在《黑格尔法哲学批判》中，马克思在费尔巴哈人本主义思想的启蒙下批判了黑格尔关于国家与法的唯心主义观点，但马克思并不是完全地接纳费尔巴哈的人本主义，尤其是在人的本质观及社会历史观上，马克思明显地超越了费尔巴哈。

首先，马克思继承了费尔巴哈的"自然人"的观点，批驳了黑格尔唯心主义人性观的谬论。黑格尔将人规定为"人格"的实现，认为"构成群体的个人本身是精神的存在物"①，马克思反驳了黑格尔的这一观点，认为"人格是人的规定"。此外，马克思还指出，黑格尔之所以从国家引申出现实的人，而不从现实的人中引申出国家，究其原因主要是他"想使人的本质作为某种想象中的单一性来单独活动，而不是使人在其现实的人的存在中活动"②。尽管此时，马克思已经提出了"现实的人"的概念，但是与《关于费尔巴哈的提纲》中的"一切社会关系总和"的现实的人是有偌大差距的，不过却与黑格尔的"单一的理念人"及费尔巴哈以自然为基础的"现实的人"区别开了。

其次，马克思继承了费尔巴哈的人是"类存在物"以及"社会的人"的观点，但是在具体内容上则有所不同，并且还第一次明确地说明了"现实的人"的本质特征是"人的社会属性"。在博士论文中马克思曾经指出人与人之间具有一定的关系，人"只有在自己的类存在中，只有作为人们，才能是人格的现实的理念"③，也就是说，人只有作为社会团体中的一员才具有了现实性。换言之，现实

---

① 马克思恩格斯全集：第 1 卷 [M]．北京：人民出版社，1956：253．
② 马克思恩格斯全集：第 3 卷 [M]．北京：人民出版社，2002：51．
③ 马克思恩格斯全集：第 3 卷 [M]．北京：人民出版社，2002：36．

的人要想实现自身就必须成为社会团体中的一员。马克思还直截了当地指出了具有现实性的人的本质特征："不是人的胡子、血液、抽象的肉体的本性，而是人的社会特质，而国家的职能等等只不过是人的社会特质的存在和活动方式"①。这里的"社会特质"实质上就是指人的社会性。而"社会特质""国家的特质"等是马克思早期对人的社会性的模糊表达。而"胡子""血液"等则是人的自然特质。由此可见，尽管马克思也强调费尔巴哈的"类存在物"的观点，但在理解上却相差很多。当然，费尔巴哈也认为人是有社会性的，但他把人的社会性简单地理解为"许多个人纯粹自然地联系起来的共同性"，而马克思直接将社会性视作人的"社会特质"来理解。

最后，马克思继承了费尔巴哈的"人的本质异化"的观点，并在该观点的启迪下提出了人的本质在市民生活和政治生活中异化的思想。在探讨资本主义社会中人的"社会特质"的具体表现时，马克思发现了作为国家的公民与作为市民社会的成员之间是彼此分离的，人的本质被"二重化"了。② 具体地来讲，在市民社会中，个人的生存是最高目的，劳动及其他一切活动都是满足该目的的手段，市民根据货币金钱及消费能力等分为不同的阶级。由此，市民社会的成员在市民社会的一切规定"对于人，对于个人，都表现为非本质的外在的规定"③，也就是说，市民社会中的人是不占有自身的本质的。与市民社会成员相反，政治生活中的人，尽管他们脱离了自

① 马克思恩格斯全集：第1卷［M］．北京：人民出版社，1956：270.
② 马克思恩格斯全集：第1卷［M］．北京：人民出版社，1956：340.
③ 马克思恩格斯全集：第1卷［M］．北京：人民出版社，1956：345.

身在私人生活中的地位，但却"只有在这里，这个成员才获得人的意义，换句话说，只有在这里，他作为国家成员、作为社会生物的规定，才成为他的人的规定"①。然而，政治生活本身是空中的生活，是市民社会上空的领域②，所以，尽管政治生活能够满足人的本质，但却是虚幻的、缥缈的，人的本质其实并未得到真正的满足。马克思指出："正如基督教徒在天国一律平等，而在人世不平等一样，人民的单个成员在他们政治世界的天国是平等的，而在人世的存在中，在他们的社会生活中却不平等。"③ 这种被"二重化"的人的本质的观点实际上也就是指在政治生活和市民生活中人的本质的"异化"现象。因此，要想彻底地消灭掉异化，不仅要消灭宗教，还要彻底消灭掉以私有制为基础的政治国家。

1843 年 9 月，马克思在致卢格的信中这样说道："虽然对于'从何处来'这个问题没有什么疑问，但是对于'往何处去'这个问题却很糊涂……而只是希望在批判旧世界中发现新世界。"④ 这段话反映了马克思完成《黑格尔法哲学批判》后的心理状态。于是，在迁居巴黎之后，马克思深刻地洞察到了无产阶级与资产阶级之间的尖锐矛盾，与"正义者同盟"的积极联系也使马克思彻底抛弃了抽象的民主而转向共产主义。从巴黎的无产阶级身上，马克思看到了实现真正的人类解放的政治力量，而这也极大地激发了马克思对

---

① 马克思恩格斯全集：第 1 卷 [M]．北京：人民出版社，1956：345.
② 马克思恩格斯全集：第 1 卷 [M]．北京：人民出版社，1956：343.
③ 马克思恩格斯全集：第 1 卷 [M]．北京：人民出版社，1956：344.
④ 马克思恩格斯全集：第 1 卷 [M]．北京：人民出版社，1956：415—416.

人的解放的本质问题的探究，深化了其对人的本质问题的认识，马克思与费尔巴哈的分歧日渐扩大，而其历史唯物主义的概念也在加速成形。这些认识及概念主要反映在其在《德法年鉴》上发表的两篇著作《论犹太人问题》和《〈黑格尔法哲学批判〉导言》之中。

《论犹太人问题》是马克思针对布鲁诺·鲍威尔的《犹太人问题》中的错误观点所做的回应。马克思指出，鲍威尔把"犹太人的观念的抽象本质，即他的宗教，看作他的全部本质"的说法是错误的，因为"现代犹太人的本质不是抽象的本质，而是高度的经验本质"[①]，"即做生意及其前提"。犹太人自私自利的本性是后天的生活环境造成的，犹太教只不过是他们现实生活的反映。马克思的这个观点是对《黑格尔法哲学批判》中人的"社会特质"的进一步深化。基于这样的理解，马克思更坚定了他从费尔巴哈的异化思想中推出的"人的本质二重化"的结论。马克思指出，人既是"社会存在物"，又是"世俗存在物"。在市民社会中，"人作为私人进行活动，把别人看作工具，把自己也降为工具"[②]，"人民相互脱节和分离"，他们之间的相互联系消失了，"把人和社会连接起来的唯一的纽带是天然的必然性，是需要和私人利益，是对他们财产和利己主义个人的保护"[③]。于是，人成了"非社会人""失掉自身的人、自我排斥的人……还不是真正的类存在物"[④]。而在政治共同体中，人

① 马克思恩格斯文集：第1卷［M］. 北京：人民出版社，2009：55.
② 马克思恩格斯文集：第1卷［M］. 北京：人民出版社，2009：30.
③ 马克思恩格斯文集：第1卷［M］. 北京：人民出版社，2009：42.
④ 马克思恩格斯全集：第1卷［M］. 北京：人民出版社，1956：434.

却能够把自己看作社会存在物。马克思强调，完备的政治国家，按其本质来说，是和人的物质生活相反的一种类生活，不过"在这里，他失去了实在的个人生活，充满了非实在的普遍性"①。因此，政治生活与市民生活的二重化造成了这样的结果：作为利己主义的市民，人是"有感觉的、有个性的、直接存在的人"，是"现实的人"，而非"真正的人"；但作为"抽象的公民"，则是"真正的人"，却不是"现实的人"。由此，只有消除掉"公民"与"市民"以及"政治共同体"与"市民社会"的对立，也就是说，消除掉人的自我异化，才能实现"抽象的人"与"真正的人"的归一，人才能真正成为"社会存在物"。此外，马克思还论述了造成人的本质异化的主要原因就是私有制，因此，要消除人的自我异化就要通过无产阶级革命，将人从私有财产的束缚中解救出来，而这就是所谓的"人类解放"。

在《论犹太人问题》中，马克思批判了鲍威尔将"政治解放"与"人的解放"混为一谈的思想。马克思指出，"政治解放"与"人的解放"是两个既有区别又有联系的概念，但真正的"人的解放"的实现是建立在"政治解放"的基础之上的。"政治解放"的目的就是使人变成具有独立人格的人，且人在法律上一律平等。而这也是资产阶级革命的目的。马克思一方面肯定了这种"政治解放"的进步性，但也指出了其所具有的局限性，认为这种"政治解放"实质上只是资产阶级社会制度范围内"人的解放"的最高形式，仍

---

① 马克思恩格斯全集：第3卷［M］．北京：人民出版社，2002：173．

然将人分为作为"公民"的"公人"与作为市民社会成员的"私人",它们之间仍然是对立的。所以,这种表现着国家与社会的对立的"政治解放"只不过是"利己主义的人"的胜利。由此可见,马克思已经剥蚀了资产阶级政治家给予"政治解放"的虚假光环,指出这种"政治解放"并不是真正意义上的"人的解放",因为这并未消除人的本质"二重化"。而真正的"人的解放"的实现就必须超越"政治解放"的界限,消除国家与社会之间的对立,将市民社会中的"现实的人"与政治共同体中的"抽象的人"融为一体,人是真正的作为"社会存在物"而存在的。只有这样,人才能运用社会力量来消除其对个人力量的异化,"人的解放"也才会得到真正的实现。

《〈黑格尔法哲学批判〉导言》是马克思在《德法年鉴》上发表的另一篇著作。在这篇著作中马克思提出"人的根本就是人本身"①,"德国唯一实际可能的解放是从宣布人本身是人的最高本质这个理论出发的解放"②。尽管马克思在这里沿用了费尔巴哈人本主义中"人是人的最高本质"的说法,但是他表达的却是与费尔巴哈截然不同的哲学思想。首先,从出发点上看,"费尔巴哈是从宗教上的'自我异化',从世界被二重化为宗教的想象的世界和现实的世界这一事实出发的"③;而马克思是从宗教世界的"这个世俗基础的自

---

① 马克思恩格斯文集:第1卷[M].北京:人民出版社,2009:11.
② 马克思恩格斯文集:第1卷[M].北京:人民出版社,2009:18.
③ 马克思恩格斯文集:第1卷[M].北京:人民出版社,2009:500.

我分裂和自我矛盾"①，从"那些使人成为受屈辱、被奴役、被遗弃和被蔑视的东西的一切关系"② 之间的矛盾出发的。其次，从研究的客体角度看，费尔巴哈的宗教批判是针对人与"神"的关系而言的，认为"上帝"不过是人的本质的异化，所以人的最高本质不是"上帝"而是人本身，费尔巴哈的研究对象也就到此为止了，而马克思在费尔巴哈的基础上将研究客体转移到"那些使人成为受屈辱、被奴役、被遗弃和被蔑视的东西的一切"的社会关系。再次，从主观目的角度看，费尔巴哈批判宗教、确立人的权威地位，其目的是推倒"上帝"的权威，从而将人从"神"的奴役中解脱出来，唤醒在宗教神学中沉睡的人性；而马克思的出发点是通过无产阶级的共产主义革命来解救被社会压迫的人们，从而扬弃人的本质的异化，实现人性的复归，使人真正作为人而存在。最后，从"人"的内在实质来看，费尔巴哈的"人是人的最高本质"中的人，是自然生物学意义上的人；而马克思所讲的"人"是人的世界，是国家、社会中具体的人，是现实存在的人。

可见，尽管马克思在《〈黑格尔法哲学批判〉导言》中，沿用了费尔巴哈"人是人的最高本质"的命题，但是这两个命题内在的思想内容却大相径庭。正如后来马克思在回顾《德法年鉴》时的这段思想历程时所说，已经"开辟了通向唯物主义世界观的道路"，且对那些曾经将其当作费尔巴哈主义者的德国哲学家们进行了辛辣的嘲讽，指出他们错误理解了他的"真实的思想过程"。但是，值得强

---

① 马克思恩格斯文集：第1卷［M］．北京：人民出版社，2009：500．
② 马克思恩格斯文集：第1卷［M］．北京：人民出版社，2009：11．

调的是，我们不能说马克思在《德法年鉴》时期"人的根本就是人本身"的说法完全摆脱了费尔巴哈的影响，也不可以说，这是马克思对人的本质的最成熟、最科学的提法。因为马克思在随后撰写的《关于费尔巴哈的提纲》一文中，还提出了"人的本质在现实性是一切社会关系的总和"的说法，人的本质随着社会的发展而处于不断生成中。而此时马克思"人的根本就是人本身"的说法其实具有一定的唯心主义特征，因为其认为确实存在一个与生俱来且亘古不变的人的最高本质"人本身"。但关于这个"人本身"究竟是什么，马克思此时并未能具体给予说明。由此，"人的根本就是人本身"的说法实质上仍然是一个无法捉摸的抽象的认识，依然无法达到对"人本身"的内在本质的科学认识。究其原因主要在于，《德法年鉴》时期的马克思还没有发现唯物史观，因而并没有掌握科学的揭示人的本质的钥匙。

综上所述，在《黑格尔法哲学批判》时期到《德法年鉴》时期，马克思在费尔巴哈人本主义思想的影响下，对黑格尔的法哲学、国家观及资本主义制度展开了激烈的批判，实现了从唯心主义向唯物主义的转折。这个转折是马克思"两个转折"中的第一个重要转折，表现在人的本质观上就是：马克思对人的本质的规定从"自我意识""理性自由"发展到人是"类存在物"、人的现实性和社会属性上，即从抽象人性观转向具体人性观。

第二节　成型阶段：从《1844 年经济学哲学手稿》
到《德意志意识形态》

从马克思撰写《1844 年经济学哲学手稿》到拟定《关于费尔巴哈的提纲》，最后到《德意志意识形态》的完成，这个阶段被称为马克思人的本质思想的成型阶段。在这个阶段中，马克思开始从经济关系的研究中来考察人的本质问题，他将人的本质规定为劳动，认为是自由自觉的活动将人与动物区别开来。此时的马克思在人的本质观上已经显示出与费尔巴哈明显不同的特性。但遗憾的是，其仍然没有彻底摆脱费尔巴哈人本主义的影响。主要表现在，他与费尔巴哈一样，都是以人的本质为出发点来解释社会历史的发展，而并不是从生产力与生产关系的矛盾运动中来阐释人的本质。随后，在 1845 年的春天，马克思又撰写了《关于费尔巴哈的提纲》一文，这篇文章虽然只有短短的 11 条内容，但马克思却在这篇文章中对以往将人的本质归结为单个人所固有的抽象物的观点进行了批判，提出了"人的本质是一切社会关系的总和"的科学论断。由此，马克思也彻底完成了对费尔巴哈人本主义的批判。紧接着，马克思出版了《德意志意识形态》，在这部著作中马克思的历史唯物主义正式形成，在此基础上马克思也对人的本质思想进行了系统的阐述。

从《1844 年经济学哲学手稿》到《德意志意识形态》只有短短的一两年时间，马克思完成了对自己以往哲学信仰的彻底清算，实现了其人的本质观的彻底革命，创立了历史唯物主义的新哲学。因此，这一阶段，是马克思人的本质思想形成过程中最激烈的阶段。

一、《1844年经济学哲学手稿》与马克思对人的本质的新规定

在《德法年鉴》时期，马克思明确提出了无产阶级所担负的历史使命是消灭私有制和阶级、实现人类解放。此外，马克思对无产阶级的革命事业与人类解放之间的关系进行了深刻说明，而这些也坚定了马克思从激进的资产阶级民主主义的立场向无产阶级立场转变的决心。这种转变极大地激发了马克思对社会发展与经济发展之间关系的研究热情。通过对黑格尔的法哲学的批判，马克思意识到"要获得理解人类历史发展过程的锁钥"，应当到"'市民社会'中去寻找"①，"应该到政治经济学中去寻求"②，只有在对现存社会的经济事实有了深刻了解的基础上才能弄清楚它的本质及改造方式。这种认识推动了马克思对政治经济学的研究。于是，马克思大量地研读资产阶级经济学家的经典著作，尤其是恩格斯的《政治经济学批判大纲》、赫斯在《来自瑞士的二十一印张》上发表的几篇文章以及舒尔茨的著作《生产运动》等。与此同时，马克思深入研究了黑格尔及费尔巴哈的异化理论，将异化作为其核心概念来加以阐释。而在这一过程中，马克思对人的本质有了新的认识，马克思主义人性观也向着科学的方向前进了一大步。其对人的本质的认识主要记

① 马克思恩格斯文集：第1卷［M］. 北京：人民出版社，2009：368.
② 马克思恩格斯文集：第2卷［M］. 北京：人民出版社，2009：591.

录在其在 1844 年撰写的《1844 年经济学哲学手稿》里，在这部著作里马克思开始从社会关系，尤其是经济关系着手来探讨人的本质及其历史发展；在批判吸收黑格尔及费尔巴哈"人的本质"观的基础上提出了"人的本质是自由自觉的活动"的观点，实现了人的本质观的重大突破。

首先，马克思批判了黑格尔将人的本质规定为自我意识的观点。黑格尔从思辨哲学的立场提出了人的本质是自我意识的观点，这样，"现实的人"的异化现象在黑格尔那里就演变成了自我意识的异化。费尔巴哈深刻地批驳了黑格尔唯心主义思辨的观点，直接用自然人取代了黑格尔的自我意识的人。而其"自然人"思想为马克思科学的人的本质思想的建立提供了桥梁作用。马克思就是借用费尔巴哈"自然人"思想来与黑格尔自我意识人对立的。马克思认为，人首先是自然存在物，人不仅源于自然且依赖自然，人是为自身而存在着的存在物，因而人是类存在物。马克思的这个观点与费尔巴哈的观点具有一致性，但将人完全诉诸自然是无法彻底驳倒黑格尔的。于是，马克思从人与自然、人与社会之间的关系着手，实现了对黑格尔的彻底批判。在《1844 年经济学哲学手稿》中马克思批判了黑格尔的自我意识人的同时，还改造了他的"劳动是人的本质"的思想，认为劳动是否定之否定的辩证过程，是人的自我创造的过程，劳动形成了人的社会性，给人赋予了社会特质，从而为揭开人的本质的秘密面纱奠定了基础。

其次，马克思对费尔巴哈人本主义进行了批判与继承。费尔巴哈将人看作是"感性的对象"而不是"感性的活动"，因此费尔巴哈眼中的人只是"抽象的人"。马克思汲取了费尔巴哈的经验，开始以"感性的活动"为出发点来认识人的问题，他把人的本质对象化，从主体与客体辩证统一的角度来认识人的本质，由此也得出了人的本质是自由自觉的活动的观点。此外，马克思还扬弃了费尔巴哈将人的本质归结为宗教的本质、将宗教的情感固定为独立的东西、认为人是孤立的个体的观点，马克思一针见血地指出，费尔巴哈的这种观点忽视了人的社会性，是从纯生物学的角度来认识人的本质的。于是在《1844年经济学哲学手稿》中，马克思从费尔巴哈的"抽象的人"逐渐地向"现实的人"转化，从异化史观转向实践史观，从劳动的角度来说明人的本质问题。最后，费尔巴哈抽取了人的共同性，提出了"类"概念，并以此为视角探究人的社会本质。马克思对费尔巴哈的该观点进行了改造，将"类"理解为社会性，指出"类本质"应该是"社会本质"，"类意识"应该是"社会意识"，"类存在"应该是"社会存在"，生产生活应该是"类生活"，而人的类特性就是"自由自觉的活动"。由此，马克思对人的本质便有了更深刻的认识，他将人的本质规定为自由自觉的活动和人的真正的社会联系，而这样的认识远远超越了费尔巴哈的人本主义。

最后，马克思科学地界定了人的本质是"自由自觉的活动"。劳动创造了人，这是人所共知的常识。但是，在马克思诞生之前，只有黑格尔窥视到了这个秘密。"他把劳动看作人的本质，看作人的自我确证的本质。"① 但遗憾的是，黑格尔强调的劳动只是精神劳动，

① 马克思恩格斯文集：第1卷［M］. 北京：人民出版社，2009：205.

只关注了劳动的肯定方面，却忽略了劳动的否定方面。他提出了劳动的概念，指出劳动是"实践的人的活动"，是普遍的、自由的、自觉的活动。其中，普遍的是指人同自然界之间的联系是普遍的。人同动物一样都是依赖于自然界而存在的，但不同的是，动物仅同和它的生命有关的物体建立联系，人却将全部自然界都当作自己的对象，"动物只生产自身，而人在生产整个自然界"①，"人对整个自然界的生产就是普遍的，人摆脱了自身自然属性的支配，在自然界中按照某个尺度来自由地生产自己的产品……人则使自己的生命活动本身变成是自己的意志和意识的对象。他的生命活动是有意识的"②，意识不仅是能动的也是自觉的。马克思在意识到劳动的自由自觉性的基础上发展了生产劳动的概念。他认为人就是在改造自然界的生产劳动中实现着人化自然和自然的人化，正是因为生产劳动，人才越来越占有自然、支配自然，将现实的人和现实的自然界紧紧地联系起来。马克思从劳动中来理解人与自然之间的关系，使其对人及人的本质的理解完全超越了费尔巴哈的自然人的观点。更值得强调的是，马克思将生产劳动看作是一种社会性活动，生产劳动是"人的能动的类生活"③。劳动，不管是从形式上还是从内容上来讲，它都是一种社会活动。不仅如此，劳动作为人的生命活动，即使没有采取共同劳动的直接形式，"也是社会生活的表现和确证"④。在

---

① 马克思恩格斯文集：第1卷［M］．北京：人民出版社，2009：162.
② 马克思恩格斯文集：第1卷［M］．北京：人民出版社，2009：162.
③ 马克思恩格斯文集：第1卷［M］．北京：人民出版社，2009：163.
④ 马克思恩格斯文集：第1卷［M］．北京：人民出版社，2009：188.

认识到劳动社会性的基础上，马克思进一步认为：第一，生产劳动是社会的基础，正是由于具有社会性的生产劳动产生了社会本身。马克思认为，社会是在人与自然的辩证统一中形成的人与人之间的关系。"整个所谓世界历史不外是人通过人的劳动而诞生的过程。"①人在生产劳动中，不仅生产产品还生产人与产品之间的关系，还生产出其他人与他的生产和他的产品之间的关系等。概言之，人的生产劳动能够生产出现实的社会。第二，现实的社会生产现实的人。人是社会的组成部分，社会的生产历史也就是人的生产历史，正如社会能够生产作为人的人一样，人也在生产着社会，因而说，人也是社会存在物。第三，劳动的历史发展过程就是社会的历史发展过程。通过对资本主义现实的经济关系和经济生活的考察，马克思发现所谓的劳动，并不是抽象的主体与客体之间的统一，而是在历史中不断地发展的。马克思认为，劳动是人类为了满足自身的生命存在的各种需要手段，人类满足生命需要的生产生活就是社会生活。然而，在资本主义私有制下，劳动变成了异己的活动，劳动者除了自身的劳动外一无所有，其与资本家之间也处于对立的状态，马克思将这种状态看作是劳动发展的必然结果。而工业就是被完成了的劳动，是劳动的发达状态。因为，工业的发展对自然环境的依赖性较弱，其主要依赖于人，甚至还能够充分展示人的创造性本质。由此，马克思认为，工业是认识人的本质力量的打开了的书本。在资本主义私有制的体制背景下，劳动与资本之间的矛盾对立会发展到

---

① 马克思恩格斯文集：第1卷［M］．北京：人民出版社，2009：196.

极端化的状态，而这也就成为全部私有财产关系的最高阶段。由此，马克思也准确地认识到劳动和社会并不是亘古不变的，而是历史的、不断发展着的。综合以上三点，可以发现马克思是从劳动的角度来阐述社会的发展和人的发展的，将人视为社会的人，通过对社会和劳动的历史关系的考察得出了"社会的人"的概念，由此马克思对人的社会本质的理解已经远远超越费尔巴哈，而其所强调的人是现实的人，是从事着生产劳动的人。

总而言之，在《1844 年经济学哲学手稿》中，马克思是从"类"出发来界定人的本质的，指出能够将人与动物区别开的本质是劳动，而劳动是一种自由自觉的活动，而"自由自觉的活动"实质上是人的一种理想化的本质。尽管在《1844 年经济学哲学手稿》中马克思对人的本质的认识是以资本主义制度下的异化劳动为着眼点的，但是作为其理论出发点的异化主体却并未完全摆脱费尔巴哈人本主义的影响，仍然具有"抽象的人"的性质。马克思通过劳动异化揭示出的现实的"人的本质"是不符合理想化的人的本质——"自由自觉的活动"的。换而言之，在《1844 年经济学哲学手稿》中马克思对人的本质的认识是具有过渡性的，其既具有资本主义制度下劳动异化的现实性，又从"类"的角度保留了人本主义色彩的抽象性。因此可以说，此时马克思对人的本质的认识是不成熟的。

二、对抽象人性观的批判与对"现实的人"的论述

1844 年 8 月，恩格斯来到巴黎，与马克思进行了第二次会面。

在这次会面中，马克思与恩格斯进行了深入的交流，他们共同发现：社会及政治的发展取决于经济的发展，只有通过无产阶级革命才能实现全人类的解放。于是，马克思与恩格斯根据当时的现实状况合作撰写了《神圣家族》，目的是对整个唯心主义哲学进行一次彻底的清算，并用具体的事例确定和深化他们正在形成中的历史唯物主义的观点。所以说，《神圣家族》是马克思继《1844 年经济学哲学手稿》之后，向发现唯物史观和科学的人的本质观的大踏步跃进，它在唯物史观和科学的人的本质观的生成史上占有重要地位。

在《神圣家族》中，马克思第一次用唯物主义观点分析了 17—19 世纪上半叶的欧洲哲学史。他特别注意研究自己一直关注的关于"人的解放"和社会进步方面的问题，特别注意研究唯物主义思想与空想社会主义和共产主义思想的内部联系，以及唯物主义与自然科学发展的联系。在研究的过程中，马克思将辩证法与唯物主义紧密地结合起来，将辩证法看作是反映在人的思维中的、物质世界客观发展过程本身密不可分的属性。由此我们可以看到，无论是在社会历史观还是在人的本质观上，《神圣家族》都比《1844 年经济学哲学手稿》前进了一大步，它不仅对抽象人性观进行了更深入的批判，还对"现实的人"的概念进行了更深入的论述，成为马克思具体人性观成型前的最后环节。

首先，马克思借费尔巴哈"现实的人"的概念对布鲁诺·鲍威尔、黑格尔等思辨哲学家的抽象人性观进行了批判，进一步论述了人们的社会关系是他们的物质利益所决定的。马克思指出，费尔巴哈把黑格尔的"绝对精神"归结为"以自然为基础的现实的人"，并"巧妙地拟定了对黑格尔的思辨"哲学"批判的基本要点"①，但鲍威尔不但没有继承费尔巴哈的思想成果，还与其背道而驰，把思辨哲学推向了极端。他把"自我意识"绝对化，把它说成了普遍的、无限的、脱离人的独立创造主体，并且把人类关系的全部总和变为思想物、变为"范畴"，因而把历史的发展归结为普遍的自我意识跟作为特殊性、规定性之总和而不断被否定的实体的对立。这样，他就既否定了存在于人之外的自然界，也否定了作为自然存在物的人本身；而绝对否定作为实体的自然界，也就等于绝对地否定"任何有别于思维的存在""任何有别于主体的客体""任何有别于理论的实践"②。马克思在对鲍威尔的唯心主义谬论进行尖锐的批判的同时，也进行了深刻的自我解剖，与先前将人的本质归结为"自我意识"的唯心主义观点彻底地决裂了。马克思指出："思想根本不能实现什么东西。为了实现思想，就要有使用实践力量的人。"③ 也就是说，即使是反映了客观现实的思想，即"批判的武器"，也只有通过具有能动性和实践性的人，将其付诸实践，进行"武器的批判"，才能发挥效用。思想若是离开了人，就如兵器离开了使用它们的人一样，是任何作用都发挥不了的。针对鲍威尔的唯心史观，马克思十分赞同恩格斯的回应，"正是人，现实的、活生生的人"创造了历史和一切。此外，鲍威尔指出，作为"自我意识"化身的人是"利己主义原子"，"而普遍国家秩序""应该把单个的利己主义原子连接

---

① 马克思恩格斯文集：第1卷［M］．北京：人民出版社，2009：32．
② 马克思恩格斯文集：第1卷［M］．北京：人民出版社，2009：345．
③ 马克思恩格斯文集：第1卷［M］．北京：人民出版社，2009：320．

起来"。① 马克思强调指出，"把市民社会的原子彼此连接起来的不是国家"，而是"利己主义的人"、现实生活和实际利益；"他们之间现实的联系不是政治生活，而是市民生活"。② 这是马克思对《论犹太人问题》和《〈黑格尔法哲学批判〉导言》中有关观点的重大修正。在这两部著作中，马克思虽然也讲过"把人和社会连接起来的唯一纽带是天然的必然性，是需要和私人利益"③ 类似的话，但其真正的含义却是说在市民社会里，人的真正的社会联系都丧失了，靠需要和私人利益建立起来的联系不是真正"人"的联系，处于这种状态中的人也已经是"非社会的人"了。现在他则抛弃了仿佛和私人的实际联系不同的另一种"真正的"社会联系在这一带空想色彩的看法，明确地肯定正是"自然的必然性、人的特性、利益"把市民社会成员彼此联系起来，联结而成的关系也就是人的社会性。

其次，针对鲍威尔等人所宣扬的英雄史观，马克思提出了"历史的活动是群众的活动"的论点，并进一步论证了在社会历史发展中起决定作用的是"现实的人"。鲍威尔等人公开宣扬社会历史是由威严的"笔"预先规定了的，应由笔来解决其存在的问题。他们污蔑人民群众是"精神的真正敌人"，是历史前进的阻力，甚至诽谤"工人什么东西都没有创造"。马克思彻底批驳了他们的谬论，指出真正"什么都没有创造"的正是"批判的批判"，换句话说，思想意识什么都创造不了，只有"使用实践力量的人"才能实现思想意

---

① 马克思恩格斯全集：第2卷［M］．北京：人民出版社，1979：52.
② 马克思恩格斯文集：第1卷［M］．北京：人民出版社，2009：322.
③ 马克思恩格斯文集：第1卷［M］．北京：人民出版社，2009：42.

识。而这个拥有实践力量的人，一定是有血有肉的、现实的人。

最后，马克思深入分析了无产阶级与资产阶级之间的矛盾，并指出实现"人类解放"是无产阶级（"现实的人"）的历史使命。早在《论犹太人问题》《〈黑格尔法哲学批判〉导言》《1844 年经济学哲学手稿》等论著中马克思就对无产阶级与资产阶级之间的矛盾问题进行过论述，而在《神圣家族》中，马克思以对立统一的辩证观点对此做了进一步的分析。他指出，资产阶级与无产阶级都是资本主义私有制的产物，具有相对的统一性，但由于两者所代表的阶级利益不同，又具有对立性的一面。资本主义社会就是在这二者的矛盾、对立、统一中发展着。资产阶级为了维护自身的利益就不得不竭力维护资本主义制度，因而其是矛盾的"肯定方面"；无产阶级为了从贫困、无权和已"达到违反人性的顶点"的"一切生活条件"中解放出来，就不能不消灭使之成为无产者的私有制，所以它是矛盾的"否定方面"。正是这两个方面的矛盾斗争促使资本主义制度走向灭亡。当时马克思还不能从生产力和生产关系这一社会基本矛盾的运动中来分析问题，还是从"人的本质异化"来解释，他指出无产阶级与资产阶级的同一性在于他们"同是人的自我异化"；只是资产阶级在异化中感到满足，而无产阶级在异化中感到自己的"人类本性"被"断然地、全面否定"了。随着资本主义的发展，矛盾不断激化，资产阶级作为"保守的方面"日趋反动、没落，无产阶级作为"革命的方面"日趋进步、强大。最终无产阶级战胜了资产阶级实现了"人类解放"。

通过以上分析我们可以看到，唯物史观的很多思想原理在《神圣家族》中都有体现，无论是在社会历史观还是在人的本质观上，《神圣家族》都有了突破，这也表明马克思思想转变的根本质变就要实现了。除此之外，我们还应该看到《神圣家族》中遗留的费尔巴哈痕迹。例如，在有的方面，马克思还坚持承认有天赋的本质、固有的天性，并从这种人性出发去揭露和批判宗教的虚伪、反动和非人性；在有的地方，他还用人的本质异化论来分析资本主义社会无产阶级与资产阶级的对立和无产阶级的历史使命。所以，尽管在《神圣家族》中马克思的很多观点都超越了费尔巴哈，但是主观上他依然是费尔巴哈的学生，甚至把关于历史就是"人的活动"的总观点也归功于费尔巴哈"天才的发现"。所以，马克思当时不仅在术语上依赖于费尔巴哈，而且他与费尔巴哈的人本主义界限还未划分清楚，他的新世界观虽然还在孕育，但却并未脱胎而出。所以，马克思接下来的任务就是与费尔巴哈的人本主义彻底地划清界限，于是他撰写了《关于费尔巴哈的提纲》。

三、对费尔巴哈人本主义思想痕迹的彻底清除

马克思的《关于费尔巴哈的提纲》（以下简称《提纲》）一文著于 1845 年的春天，它被称为"包含着新世界观的天才萌芽的第一个文件"①。在该篇著作中，马克思不仅首次系统全面归纳了其新世界观的根本要点，还集中地对费尔巴哈的人本主义思想进行了批判，

---

① 马克思恩格斯文集：第 1 卷［M］．北京：人民出版社，2009：3.

并在此基础上提出了人的本质"在现实性上，是一切社会关系的总和"的观点。

在《提纲》中马克思是如何批判费尔巴哈的呢？费尔巴哈从感性存在、感性直观及"类"的角度来认识人的本质，其将人的本质归结为单个人所具有的共同性、意识等抽象物，认为人的本质就是意志、理性和爱。尽管费尔巴哈也意识到了人的社会性，但是其对社会性的理解也仅是基于自然属性基础上的人与人之间的交往而已。在《提纲》中，马克思对费尔巴哈的观点进行了深刻的批判。马克思指出，"费尔巴哈没有对这种现实的本质进行批判"①，而后才微观指出其具体的局限性。马克思指出，尽管费尔巴哈也指出了人的社会性本质，从人的社会关系的角度来确定人的现实性。但遗憾的是，费尔巴哈只是蜻蜓点水般地点到而已，并未进行深刻批驳。由此，费尔巴哈对人的本质的认识也只是抽象的、非历史的。马克思鞭辟入里地指出了费尔巴哈思想的缺陷："从前的一切唯物主义——包括费尔巴哈的唯物主义——的主要缺点是，对事物、现实、感性，只是从客体的或者直观的形式去理解，而不是把它们当作人的感性活动，当作实践去理解，不是从主观的方面去理解。"② 由此可见，马克思对费尔巴哈人本主义最大的不满就在于，其是从感性直观而非感性活动中认识人的。尽管费尔巴哈也发现了人的社会性本质，但在马克思的观点里，这种社会性只是"把许多个人纯粹自然地联系起来的共同性"而已，并没有揭示出社会关系的秘密，也就无法

---

① 马克思恩格斯文集：第1卷［M］．北京：人民出版社，2009：505.
② 马克思恩格斯文集：第1卷［M］．北京：人民出版社，2009：504.

意识到社会实践的真正内涵。在此我们可以发现，马克思与费尔巴哈的根本分歧实质上就在于实践。马克思对费尔巴哈批判的目的就是引出他的实践本质观，也就是从人与自然之间的感性的对象化的活动（实践）中来规定人的本质的内涵，并在此基础上进一步揭示社会关系的含义。在《提纲》里，马克思提到的"社会关系的总和"也就是其实践本质观的延伸。费尔巴哈单纯地从自然及意识的角度来规定社会关系，是不足以说清楚人的本质的，只有从人在认识自然和改造自然的实践活动中才能剖析出社会关系的深刻含义，从而发掘出人的本质的内涵。

《提纲》是马克思对人的本质的窥探。《提纲》一共有11条，马克思对人的本质的批判与重构主要集中于第六条。在这一节里，马克思直接指出："人的本质并不是单个人所固有的抽象物，在其现实性上，他是一切社会关系的总和。"① 这句话浓缩了《提纲》时期马克思对人的本质认识的全部概括。其所包含的深意主要有三点。首先，人的本质不是单个人所固有的抽象物。这句话主要是针对费尔巴哈而言的。费尔巴哈将宗教的本质归结为人的本质，将宗教的秘密认为是人的秘密，其始终是站在历史之外来认识人的本质，最终陷入了唯心主义的窘境中。马克思认为，人的本质并非作为单个个体的人身上所具有的某种与其他动物相区别的属性，而是作为整体的人"类"本身与动物相区别的某种属性。人的本质并不是抽象的概念，而是人在其所从事的实践活动中所彰显出来的独特特性，

---

① 马克思恩格斯文集：第1卷［M］. 北京：人民出版社，2009：505.

正是这种独特特性体现着人存在的价值和意义。其次，人的本质是一个关系范畴。人作为一种群居的"类"是无法脱离社会实践而作为个体单独存在的。马克思将实践活动规定为一种感性的对象性的历史活动，人作为主体通过实践的中介作用将自己的意识、目的等对象化到作为客体的自然上，正是在这一过程中建立了人与自然和人与人之间的相互联系，如家庭关系、阶级关系、生产关系等，这些关系统称为社会关系，而其中的生产关系是起决定性作用的关系，是人的本质的现实反映。最后，人的本质是一切社会关系的总和。这里的总和并非单个元素的简单相加。前面提到过，人在社会实践活动中会形成一系列的关系，诸如姻亲关系、伙伴关系等，从整体上讲，这些关系统称为社会关系。从整体的视域把握社会关系的总和有助于从动态与静态的统一中抓住人类发展的历史，而人的本质也是在社会实践活动的历史中不断发展和生成的。

人的本质关系是以实践的方式存在的。马克思在《提纲》中指出，全部社会生活在本质上是实践的①，人类的物质生活、精神生活等都是由实践活动所创造的。马克思以实践为索引贯穿《提纲》全文，以此来构建自己哲学的新的世界观。在《提纲》中，马克思立足于劳动来考察人的本质，认为人类社会的一切生活都是由劳动所创造的。人的劳动作为一种社会实践活动，其不仅实现了主体与客体之间的双向互动过程，还实现了社会活动的变革。马克思在《提纲》中提道："人的活动与环境的改变相一致，只能合理地被理

---

① 马克思恩格斯文集：第1卷 ［M］．北京：人民出版社，2009：501.

解为革命的实践。"① 只有通过革命来改变落后的生产环境及社会制度，人与社会才能实现和谐发展。马克思从实践的角度来规定人的本质主要表现在以下三个方面：其一，人的意识是在社会实践活动中产生和实现的，正是人的实践活动使人意识到自己生命的存在，人也逐渐成为一个有意识的社会存在物；其二，人的本质是社会关系的总和，人正是在从事各种社会实践的活动中生成了丰富的社会关系，而这些丰富的社会关系诠释了人所具有的社会性本质，确证着人是作为社会存在物而存在的；其三，人的生存与发展是依赖社会实践活动所创造的物质资料来实现的。

　　人的本质具有双重属性，即自然属性和社会属性。马克思在《提纲》中提出："宗教的感情"是社会的产物，而费尔巴哈眼中的人尽管是抽象的，但却是属于一定的社会形式的。马克思批驳了费尔巴哈脱离社会实践的范畴来认识人的做法，认为其所认识的人也仅是具有自然属性的抽象的人。马克思认为，人具有双重属性，即自然属性和社会属性，这两种属性的结合构成了人的本质的基本表现。人的自然属性是从生物学的角度来理解人，而人的社会属性则是从社会实践的范畴来认识人，这两种属性之间是既互相联系但又相互区别的。首先，其区别体现在：其一，人的自然属性是人的最基本的属性，人的社会属性是建立在自然属性的基础之上的；其二，人是不能脱离社会性而存在的，脱离社会性的人只能沦为抽象的人；其三，要强调的是，人的自然属性不同于动物的本能属性，动物没

---

①　马克思恩格斯文集：第1卷［M］．北京：人民出版社，2009：500.

有意识，其一切活动都是出于本能的适应自然，而人的一切活动都是在社会性的立场上将自己的主观意识、目的作用于自然界，从而实现人化自然和自然的人化的。其次，人的本质的双重属性间的联系体现在：第一，人的社会属性确证了人的自然属性。人是依靠对象性的活动来维持自身生命的存在的，而对象化的活动一定会产生社会关系，也只有产生了社会关系，人的自然属性才得到彰显；第二，人的社会属性制约自然属性的发挥。尽管人的本质包含了两重属性，但是具有决定性的还是社会属性，因为只有社会属性才能将人从动物界分离出来。

总的来说，《提纲》一文虽只有 11 条内容，但其以实践为主线完成了对费尔巴哈等一切旧哲学的彻底批判，并指出了人的本质在现实性上，是一切社会关系的总和的观点。马克思的这一论断标志着其对人的本质的认识从"类本质"发展到"社会关系的总和"，从一般的劳动发展到具体的物质生产劳动上。从此以后，马克思便开始用社会关系来规定人的本质的内涵了。

四、唯物史观的创立和科学的人的本质观的系统阐述

唯物史观与剩余价值学说是马克思毕生最重要的两大成果，其中，唯物史观的揭示和形成是一个与人的本质观的形成相统一的过程，而人的本质观也是唯物史观的一个重要方面。马克思对人的本质观的认识是从对黑格尔和费尔巴哈的抽象人性观的逐层扬弃中建构的，其中最重要的一点就是，其在强调人的社会性本质的基础上

发现了社会关系的作用。由此，在《提纲》中马克思正式摆脱了费尔巴哈抽象人性观对他的深刻影响，并在《德意志意识形态》中以此为指导，发表人的本质是"一切社会关系的总和"的论断，建立了唯物史观，开创了从历史唯物主义的角度认识人的本质的先河。

第一，马克思摒弃了《1844 年经济学哲学手稿》中人本主义的缺陷，在此基础上继承了人的本质是"自由自觉的活动"的论断，明确表明人与动物之间的区别是生产劳动。在《德意志意识形态》一文中，马克思指出，有生命的个人的存在是人类一切历史存在的第一个前提，而这些有生命的个人将自己与动物界分离出来的第一个活动并不是意识活动，而是人类能够自由地生产能够满足自身基本的生存需要的物质生产活动。正如马克思所言，"可以根据宗教、意识或随便别的什么来区别人和动物"，但"一当人们自己开始生产他们所必须的生活资料的时候，他们就开始把自己和动物区别开来"。① 马克思与恩格斯在此后的著作中始终都秉持着这个思想。

第二，《德意志意识形态》中，马克思又提出了人的需要即人的本质的观点，还论述了人的需要、社会劳动及社会关系三者之间的联系，从而丰富了"人的本质是一切社会关系的总和"的论点。人性问题是马克思的全部哲学思想演变发展的中心线索，但在他的著作中明确地界定人性概念及内容的却只有三处：《1844 年经济学哲学手稿》中提出"人的本质是自由自觉的活动"；《关于费尔巴哈的提纲》中提出"人的本质在现实性上是一切社会关系的总和"；《德

---

① 马克思恩格斯文集：第 1 卷［M］．北京：人民出版社，2009：519.

意志意识形态》中提出"人的需要即人的本性"。这三种提法代表了马克思认识人的本质的三个角度：其一，在《1844 年经济学哲学手稿》中，马克思是从人与动物相区别的"类"的角度来规定人的本质的。其二，在《提纲》中，马克思是从社会关系的角度来界定人的本质的。其三，在《德意志意识形态》中，马克思对人的本质认识走向具体和深入，将人的需要看作人的本质。换而言之，马克思在不同的时期和不同的著作中分别将人的本质界定为：劳动、社会关系、人的需要。这三种对人的本质的认识并不是彼此孤立或者矛盾冲突的，相反，它们之间存在着密不可分的联系，这种联系马克思在《德意志意识形态》中进行了深刻说明。首先，生产劳动是人类最基本的实践活动，它是人类一切活动的基础和前提，然而，没有需要就没有生产，人的生产发展是由人的需要来推动的，人在从事着满足人类各种需要的实践活动中又创造着新的需要，循环往复，人类实现了发展。其次，生产劳动并不能孤立地进行，它必须在社会关系的范畴中生产。也就是说，离开社会关系人的一切活动都无从谈起。人类的任何社会关系，首先就是生产关系，是在生产劳动以及以生产劳动为基础的各种社会实践过程中产生及发展的。再次，人的需要与社会关系之间的关系也是如此。一方面，是人的需要及人为了满足需要所从事的社会实践活动将人紧密地联系在一起，从而形成了社会关系；另一方面，人的社会关系一旦形成也会反过来决定人的需要的性质，使人的需要变成具有社会性的需要。其原因是，人的需要是在从事一定的社会实践活动中产生的，而且是只有在社会关系及共同的实践活动中才能得到满足的需要。此外，整体社会的需要是否得到满足决定了单个人的需要是否能够满足。社会的需要促进了社会关系的形成，而社会关系也促成了社会需要的产生。由此可见，人的需要与社会关系间是既彼此制约又互相影响的。最后，与社会关系的性质相一致，人的需要也同样具有客观性、社会性、现实性和历史性等，当然，在阶级社会中，人的需要也同样具有阶级的性质。由此，当我们谈论人的需要时不能脱离了社会历史条件和现实状况，否则人的需要就成了抽象的需要。总而言之，生产劳动、人的需要及社会关系之间的关系是密不可分、彼此相连的，人的本质就在这三者之间的辩证统一之中。

第三，马克思在《德意志意识形态》中对其在《提纲》中提到的"人的本质是一切社会关系的总和"进行了具体的、详细的论述。马克思指出，无论是人的生产还是物质资料的生产都表现了双重关系，即自然关系与社会关系。与此同时，马克思还明确地指出，所谓的社会关系就是指众多单个人的合作。人的自然关系表征着人作为自然界的一部分，人源于自然，人的身上具有与动物等同的属性。而人的社会关系表征着在人的身上除了与动物等同的自然属性之外，还具有人类特有的属性，即人的社会性，而这就是人之所以为人的本质。马克思在《德意志意识形态》中还具体分析了社会关系的多样性，区分了物质关系、家庭关系、宗教关系、民族关系、阶级关系等，马克思在对施蒂纳等人的唯心主义谬论进行深刻批判后，还指出了人的一切关系并非从"人"的概念中引申而来，而是在生产劳动等的社会实践中形成的。人们在生产中形成的经济关系就是生产关系，又称作物质的社会关系，而思想的社会性则是以物质关系为基础创造的。马克思特别强调政治与法律间的关系的基础就是生产关系。由此我们可以发现，在《德意志意识形态》中马克思对他之前提到的"一切社会关系"进行了具体化的说明与阐述，表明了社会关系是一个具有丰富多样性的概念，其是一个有层次的、具有主从性的关系范畴体系。此外，马克思在《德意志意识形态》一文中，还明确指出，任何个人都是"在一定历史条件和关系中的个人"，脱离了一定的社会关系中的"纯粹的"个人是不存在的，人与人之间的个体性差异是由其所处的社会关系的差异导致的。因此，脱离了社会关系去认识人是无法认识人的真正的本质的。

第四，马克思在《德意志意识形态》一文中还具体深入阐述了人的本质所具有的现实性特征。人的本质并非是由人的主观意识幻想出来的概念，而是现实存在的人身上所具有的现实的特性，由此，马克思将"现实的人"作为其探讨人性及人的本质概念的基本前提。"现实的人"是受自身生产力的一定发展以及与这种发展相适应的交往制约的，由此，当我们研究"现实的人"时应该主要研究他们的物质生活条件及物质活动，其中就包括他们已经得到的或由他们自己的实践活动所创造出来的物质生活条件。据此，马克思也批判了费尔巴哈的抽象人性论，他指出，尽管费尔巴哈揭穿了黑格尔哲学的神秘面纱，并将其"绝对精神"理念归结为"以自然为基础的现实的人"，但遗憾的是，他从未看到真实存在的、活动的人。因此费尔巴哈的人性观依然是抽象的人性观。马克思指出费尔巴哈对人的认识的抽象性主要是因为，费尔巴哈未曾从现实的社会关系的角度来认识人，归根到底是由他在历史观上的唯心主义导致的。此外，马克思在《德意志意识形态》中还揭示了施蒂纳、鲍威尔等人将现实的人变成抽象的概念的错误。马克思指出，鲍威尔等人口口声声地喊着是"人"创造历史，但是他们对人的认识也仅是一个抽象的概念和名称，并非现实的人。因此，他们无法科学地揭示出人的本质的内涵。

第五，马克思在《德意志意识形态》中具体地阐述了人的本质具有历史性，并且指出人的本质是处于不断变化中的，亘古不变的本质是不存在的。马克思在《德意志意识形态》中再次强调了他在《关于费尔巴哈的提纲》中提出的"环境的改变和人的活动的一致"的观点，他指出"人创造环境，同样环境也创造人"①，人既是历史的前提，也是历史发展的结果。马克思还指出，人类社会的历史就是社会的人的历史，人通过自己的活动改变社会历史的同时，也改变着人类自己。由于人类社会的历史是随着人类的实践活动的发展而不断变化发展的，由此，人作为人类历史的前提、产物及结果，其本质也必然是不断变化和发展的。因此可以说，人的本质并不是亘古不变的，而是在社会历史的发展中不断生成的。

第六，马克思在《德意志意识形态》中第一次明确指出，阶级社会里的人性及人的本质都具有阶级性。马克思指出，阶级社会中的一切人都是阶级利益的承担者；阶级社会里的人，必须组成一个阶级来反对另一个阶级的统治，而这是由他们所处的不同的经济地位及根本利益所决定的，在私有制存在的前提下，私人关系也必然

---

① 马克思恩格斯文集：第1卷［M］．北京：人民出版社，2009：545．

地会发展成为阶级关系，并以这样的方式固定下来，个人隶属于阶级的现象在那个除了反对统治阶级以外不需要维护任何特殊的阶级利益的社会还没有形成之前，是不可能消灭的；阶级关系是阶级社会中人们的主要社会关系，人们的个性是受具体的阶级关系制约并由其决定的。马克思在《德意志意识形态》中还指出，资产阶级理论家所指的一般人实际上就是指资产阶级的人，以抽象的人性来抹杀阶级性是资产阶级毒害人民群众的政治说教。

第七，马克思在《德意志意识形态》中还指出了资产阶级社会中的人是片面的、畸形的人，只有到了共产主义社会人才能成为自由全面发展的人。具体地来讲，马克思指出资本主义社会中的人由于受分工的支配，被奴役下的人只能是片面的、异化的人，只有到了共产主义社会里，私有制被公有制所替代，旧式分工被彻底消灭，人才能真正成为自由全面发展的人。

通过以上分析我们可以发现，马克思在《德意志意识形态》里对人的本质思想进行了全面的梳理和论述，其中展现了马克思对人的本质认识不断变化发展的整个历程。在《1844年经济学哲学手稿》中马克思对人的本质的"既成论"的认识还带有唯心主义色彩，在《提纲》中他对费尔巴哈人本主义实现了彻底的批判，到《德意志意识形态》里他正式提出了历史唯物主义的人的本质观，马克思人的本质思想就是在不断扬弃前人理论成果的基础上实现了人的本质思想的"哥白尼式的革命"的。自此，科学的人的本质学说已经成型，标志着马克思对人的本质的探索开始进入一个新的阶段，即走向具体、深化和发展阶段。

第三节 深化与发展阶段：从《哲学的贫困》
到《资本论》

通常有人说，马克思对人的本质思想的探讨主要集中于他的早期著作中，而在后期著作中就罕有论及了。从表面上来看，即单纯地从"人""人的本质"这些字眼的出现频率上来讲确实如此，但事实并不是这样。在《德意志意识形态》之前马克思对人的本质的认识处于不断批判和摸索状态，唯物史观也在这个过程中逐渐形成，而马克思对人的本质的探讨又是以唯物史观为基础和前提的，科学的人的本质观作为唯物史观的一个组成部分在《德意志意识形态》中正式确立和形成，从此马克思彻底地摆脱了对人及人的本质的抽象的、孤立的理解，开启了从社会发展规律及社会关系角度来认识人的本质的先河。尽管《德意志意识形态》标志着马克思科学的人的本质观的正式形成，但马克思对人的本质的探讨并未就此停止，在《德意志意识形态》之后，他将科学社会主义、政治经济学与关于人及人的本质问题的探讨相结合，试图找到人及人的本质发展的价值指向，即人的自由全面发展的实现，而他对人的本质的认识也在这个过程中更加具体和深化了。

总的来说，唯物史观、科学社会主义及剩余价值学说既是马克思思想的三大理论结晶，也是马克思探讨人的问题的三个角度。首先，马克思对唯物史观（人类社会发展的基本规律）的探讨也就是马克思在本质上对现实的人的探讨；其次，科学社会主义（对共产主义革命的理论和对策）的研究也就是马克思对人的本质的价值旨归——人性的解放和复归（人的自由全面发展）的根本途径和实现道路的探索；最后，政治经济学（马克思对一定历史条件下人们的社会生产关系）的研究也就是马克思对人的本质问题深刻内涵的挖掘和揭示。由此可见，马克思对人及人的本质问题的探讨并非从"抽象的人"开始到得出"现实的人"的概念就结束了，而是在后期著作中不断地对人的本质的认识进行深化和发展。

一、运用唯物史观对蒲鲁东抽象人性观的批判

众所周知，《德意志意识形态》是马克思系统阐释唯物史观的第一部著作，但却是在马克思、恩格斯逝世后才得以公开发表的，在这之前，《哲学的贫困》成为第一部公开发表的马克思主义世界观的成熟著作。而这部著作也主要是针对蒲鲁东的《贫困的哲学》所做的理论回应。在这部著作里，马克思运用唯物史观对蒲鲁东的抽象人性论的唯心主义历史观进行了深刻批判，他还进一步发挥了在《关于费尔巴哈的提纲》与《德意志意识形态》中确立的人的本质思想，并且提出了人是"历史的剧中人物和剧作者"的观点。[1]

第一，马克思在批判蒲鲁东的唯心史观的过程中阐述了人们进行物质生产的条件及社会关系规定着人的本质的思想。蒲鲁东在

---

[1] 马克思恩格斯文集：第 1 卷 [M]．北京：人民出版社，2009：608.

《贫困的哲学》中指出，使用价值和交换价值的对立是由人的自由意志引起的。但交换作为一种经济关系，其无法成为自由意志的产物。于是马克思对蒲鲁东"人的自由意志引起交换"的说法进行了否定，他指出："生产者只要是在以分工和交换为基础的社会里进行生产（这正是蒲鲁东先生的假定），他就不得不出卖……不仅如此，而且这些（生产者用来制造产品的——引者注）生产资料大部分都是生产者从别处取得的产品，并且在现代化的生产条件下，他并非想生产多少就能够生产多少；现实的生产力的发展水平责成他在一定的限度内进行生产。"[①] 当然，与生产者相对立的消费者，仍然不能以"自由意志"来行事。因为，消费者的意见是建立在其自身的需要及物质资金的基础之上的，而物质资金与需要又是由其所处的社会地位来决定的，社会地位又取决于社会组织。在此，马克思以对人的本质的唯物主义的理解深刻地批判了蒲鲁东的唯心主义。不仅如此，马克思还厘定了作为生产主体的人、生产力及生产关系的概念："在每个世纪中，人们的需求、生产力、生产方式以及生产中使用的原料是怎样的；最后，由这一切生存条件所产生的人与人之间的关系是怎样的。"[②] 也就是说，在不同的历史形态下存在着不同的发展阶段，人作为生产主体，是由"人与人之间的关系"即社会关系决定的，人既是自然与文明的产物，也作为历史的剧作者推动着历史的前进和发展。

第二，马克思指出，人的本质是随着历史的发展而不断变化的。

---

① 马克思恩格斯文集：第1卷 [M]．北京：人民出版社，2009：623.
② 马克思恩格斯文集：第1卷 [M]．北京：人民出版社，2009：608.

蒲鲁东指出，竞争是"人类灵魂的要求"，"消除竞争和消除自由同样是不可能的"。① 换言之，竞争是人身上亘古不变的本性。蒲鲁东说如果颁布一道法令，使"人人的劳动和工资都有了保障，那么工业上的极端紧张状态立即就会转变为严重的停滞"②。所以说，这种"如果"是"史无前例地改变我们的本性的"③。蒲鲁东想表达的意思就是说，这种"如果"仅限于主观的假设，从现实性上讲是根本无法实现的，因为这是违背人类本性即"人类灵魂的要求"的。马克思对蒲鲁东的该观点进行了深刻批判，马克思认为，仅仅靠颁布法令是无法摆脱竞争的，要知道法令是否能够取得一定的效力，这主要取决于其是否满足经济发展的现实需求，由此，各个民族在求助这些法令之前，就必须改变其在政治上和工业上的一切生存条件，也就是说需要改变他们的一切的生活方式。蒲鲁东之所以会提出上文所述的这种"如果"，其目的就在于论证竞争作为"人类灵魂的必然要求"，其具有永恒性的特质。但马克思却不这样认为，他对蒲鲁东的该观点进行了深刻批判与辩驳，最后得出，"整个人类历史也无非是人类本性的不断改变而已"④。

第三，马克思针对蒲鲁东的小资产阶级观点进行了深刻批判后提出，无产阶级要实现解放就必须对旧的社会关系进行彻底的废除。根据马克思在《提纲》一文中所提出的"人的本质是一切社会关系

---

① 马克思恩格斯文集：第1卷 [M]．北京：人民出版社，2009：631.
② 马克思恩格斯文集：第1卷 [M]．北京：人民出版社，2009：632.
③ 马克思恩格斯文集：第1卷 [M]．北京：人民出版社，2009：632.
④ 马克思恩格斯文集：第1卷 [M]．北京：人民出版社，2009：632.

的总和"的科学观点可知，人的本质是由社会关系决定的，而社会关系是在社会中人与人之间的相互交往中形成的，由此，要想改变人的本质首先就必须改变人的社会关系及人在社会关系中的地位。然而，蒲鲁东却并未意识到这一点。蒲鲁东认为，工人是作为买主而被剥削的，资本家之所以与工人对立，并不是因为资本家无偿占有工人的剩余劳动力，而是因为其攫取利息致使物价高昂。由此，蒲鲁东认为，假如能够创办一个"国民银行"，通过合理的交换让一切商品出售并赋予价值，那么资本主义的剥削也会随着货币的消亡而消亡，而这种依靠劳动时间来规定产品价值的方式会让生产者都能获得合理、公平的报酬。除此之外，蒲鲁东还认为，在交换发生之前平等分配就已经存在了，只要生产者能够获得公平、合理的报酬，这种交换就是能够使无产阶级获得解放的"革命理论"。事实上，这只是小资产阶级虚无的幻想。众所周知，工人将自己的劳动力作为商品卖给资本家，这并没有违反以劳动时间作为衡量商品价值的原则，但工人依然避免不了资本家对其剩余价值的剥削。究其原因，主要在于资本家与工人之间根本就不存在任何平等的分配，尤其是在生产资料的占有上。由此可以发现，蒲鲁东的一切说法实质上都是在为资本主义背景下的工人阶级被压迫、奴役和剥削的现状做合理性辩护。此外，针对资本主义社会的各种弊病，蒲鲁东幻想着能够在不触动现存的社会关系的前提下就消除各种弊病。而马克思直接指出，只有消灭了现存的社会生产关系，才能彻底地解放社会生产力。

总而言之，在《哲学的贫困》一文中，马克思通过对生产力、生产关系等概念的清晰厘定弥补了他在《德意志意识形态》中的缺憾，马克思对人的本质的科学认识更加精准和明晰了。当然，这部著作也是马克思第一次用唯物史观的观点来印证其对人的本质的认识。而在随后的《共产党宣言》《1857—1858年手稿》《资本论》中，马克思更是将唯物史观贯穿到整个人性的探讨中，其对人性的认识也更加深刻和具体。

二、人的本质的终极旨归——人的自由全面发展

《共产党宣言》发表于1848年2月，它是一部完整阐释科学社会主义的纲领性著作。这部著作的核心思想是运用唯物史观来阐释无产阶级解放的目的、条件、性质以及工人阶级的历史使命、指导思想等，为工人阶级实现全人类的解放事业指明了道路。在《共产党宣言》中，马克思对"资产者和无产者"进行了深刻的论述，指出了资产阶级产生的方式以及必然趋向灭亡的发展趋势。此外，在"无产者和共产党人"的阐述中，马克思指出未来的共产主义社会是一个共享利益成果的社会，"在资产阶级的社会里，活的劳动只是增值已经积累起来的劳动的一种手段。在共产主义社会里，已经积累起来的劳动只是扩大、丰富和提高工人的生活的一种手段"①。当人们把劳动只是当作一种手段而不是目的时，人才能成其为"人"。但倘若生产力不够发达，人就无法从物的异化中解脱出来，也就无法

---

① 马克思恩格斯文集：第2卷［M］．北京：人民出版社，2009：46.

实现人的自由全面发展。由此，马克思在《共产党宣言》一文中就直截了当地指出了未来的共产主义社会是一个生产力高度发达的社会，人的自由全面发展只有在这样的社会中才能实现，换言之也就是共产主义社会实现的标志就是人的自由全面发展。马克思将人的自由全面发展作为人的本质的终极旨归，标志着其人的本质思想的最终成型。

在《德意志意识形态》一文中，马克思指出，个人只有在共同体当中才能够获得全面发展自身才能的手段。① 马克思的意思就是说，人的自由全面发展只有在共同体中才能得以实现。到了《共产党宣言》中，马克思进一步深化其思想，他说："代替那存在着阶级和阶级对立的资产阶级旧社会的，将是这样一个联合体，在那里，每个人的自由发展是一切人的自由发展的条件。"② 这里所指的"每个人"是自由的人、现实的人，"联合体"指的是所有自由个体构建的和谐社会。"每个人的自由发展是一切人的自由发展的条件"，这句话体现了《共产党宣言》所揭示的人的本质的终极旨归——人的自由全面发展的实现。在《共产党宣言》中，马克思明确指明了人的发展的终极目标，即让单个人的自由全面发展成为一切人的自由全面发展的基础，让全部人的自由全面发展成为每个人自由全面发展的价值导向和终极旨归。

首先，从概念内涵来看，人的自由全面发展的核心要义是"全面"，而"全面"主要包含了两层要义。其一，人们不仅能够从事

---

① 马克思恩格斯文集：第1卷［M］．北京：人民出版社，2009：571.
② 马克思恩格斯文集：第2卷［M］．北京：人民出版社，2009：53.

物质生产劳动，还能从事精神生产劳动，使体力与智力得到结合，使人的德智体美劳都得到发展。其二，在一定的社会实践活动中，人能根据自身的现实条件实现自主发展，且能掌控各项影响自身发展的因素，从而实现人的全面发展。人的全面发展并不是要湮灭人的个性，相反，是要促进人的个性的发展。资本主义社会状态下的人，由于受物奴役，只能是受动的存在、异化的存在，人的个性被共性所泯灭。然而，马克思指出，在未来的共产主义社会中，每个人的独特个性都能够得到充分、自由的发挥，整个社会也都将会是一个各有特色的人的联合体。

其次，人的自由全面的发展还包括社会生产力的发展。马克思认为，人的自由且全面的发展主要表现为社会生产关系的发展，而社会生产关系的发展又是以生产力的发展为基础的，只有生产力实现了充分发展，社会和谐才能实现。人作为生产力与生产关系的主体，为了提高生产力就必须提高人自身的能力，在这一过程中人的能力也得到了全面发展。

最后，在《共产党宣言》中，马克思还指出必须将人的本质的内涵放在社会历史的发展进程中来加以分析。如果社会生产力得不到充分的发展，那么人的自由全面发展也就无从实现。因此，在生产力发展的过程当中更要关注到人自身的发展，要始终将人的自由全面发展的实现视为社会发展的终极目标。

人的自由全面发展并非一朝一夕就能够实现的，而是一个历史性的范畴。简单地来讲，人的全面发展是一个由低级阶段逐渐地向高级阶段发展的过程，而只有社会进入共产主义阶段，人的本性得到了真正的复归之后，人才能自己控制着客观异己的力量而实现全面的发展，人的自由活动也才能真正成为全部社会的基础和整个社会的本身，社会也才能真正成为"自由人"的"联合体"。但相对于人来讲，共产主义只是人类实现自由全面发展的手段，并非最终目的，社会发展的最终目的是实现人类的解放和人性的复归。

总而言之，在《共产党宣言》中，马克思认为只有到了共产主义社会人才能实现自由全面发展，而人的自由全面发展的实现也确证着共产主义社会的本质规定性。由此也说明了社会及人的发展是处在同一个社会历史进程之中的，二者都是一个从低级阶段向高级阶段跨越的历史过程。

三、《政治经济学批判（1857—1858 年手稿)》及《资本论》中对"人的本质"认识的深化与发展

人的问题始终是马克思思想的核心问题。与马克思早期将人的问题放在社会发展的宏观规律中进行探究所不同的是，在其后期的著作中，马克思将人的问题置于资本主义发展的现实语境中，通过对政治经济学的研究，马克思揭露了资本主义社会的"秘密"，并在这个过程中描绘了一幅人类发展的美好蓝图。而这个过程主要体现在其《政治经济学批判（1857—1858 年手稿)》中提出的人类历史发展的三形态理论之中。

《政治经济学批判（1857—1858 年手稿)》是作为《资本论》的

最初草稿产生的。在这部手稿中，马克思将人的发展划分为三种社会形态：第一大社会形态也是人类最初的社会形态，即人的依赖关系。在该社会形态之下，人类社会的生产力只能在狭窄的范围内和孤立的地点发展着。第二大社会形态是以物的依赖为基础的人的独立性阶段。在这种社会形态之下，社会生产力在一定程度上得到了发展，普遍的物质交换和全面的社会关系、多方面的需求和能力体系已经初具规模。第三大社会形态是建立在个人全面发展及他们共同的社会生产能力成为他们的社会财富这一基础之上的自由个性阶段。这个阶段的到来是由极度发达的社会生产力决定的，换言之，其是建立在第二种社会形态的基础之上的。这三种社会形态的划分是马克思对社会历史的发展规律的精确把握。按照马克思的划分，人类当前所处的社会形态，无论是社会主义还是资本主义都处于第二个历史阶段即"以物的依赖为基础的人的独立性阶段"上。所以说，目前的社会是一个以资本为导向的社会，资本在社会和人的发展过程中起着决定性的作用。

何为资本？资本的本质是什么？对于这个问题的认识和批判是马克思揭露社会及人的发展问题的关键。关于资本的内涵及本质问题马克思有两个层面的理解。其一，资本作为一种生产要素，是由最初的货币发展演化而来的，而后以核心要素的身份参与生产。其二，马克思认为资本在本质上代表了一种社会关系。这一观点，马克思早在《1844 年经济学哲学手稿》《雇佣劳动和资本》中都有所阐述，诸如"资本是一种社会关系，它是一种历史的生产关系"①
"资本不是物，而是以物为媒介的人与人之间的关系"等。不仅如
此，马克思还进一步指出，代表一定社会关系的资本，其本质上象
征了一种人与人之间的不平等。这种不平等源于资本家对工人的劳
动及产品的剥削和压迫。马克思在原文中是这样说的："资本来到世
间，从头到脚每个毛孔里都滴着血和肮脏的东西。"② 由此可见，资
本与生俱来就具有剥削性，资本的本质就是实现剩余价值和个人财
富的最大化。

　　资本代表了一种社会关系，这种社会关系的两极分别是工人与
资本家。资本家在实质上就是指人格化的资本，作为劳动者的工人
受到资本家的残酷压榨、剥削从而导致其人的本质发生异化，马克
思在《1844 年经济学哲学手稿》中就曾做过详细的论述。马克思指
出，人是类存在物，自由自觉的活动是人的类本质，但人的劳动的
类本质在资本主义社会的压迫下发生了异化现象。在《政治经济学
批判（1857—1858 年手稿)》中，马克思对异化理论进行了进一步
的深化，通过对交换价值和三种社会形态的分析，揭示了资本主义
社会异化的根本原因。马克思说："交换关系固定为一种对生产者来
说外在的、不依赖于生产者的权力。最初作为生产手段出现的东西，
成了一种对生产者来说是异己的关系。"③ 劳动者的劳动生产价值，
价值又成为交换价值的基础，异化作为一种交换关系，本质上就是

---

① 马克思恩格斯文集：第 5 卷 [M]．北京：人民出版社，2009：878.
② 马克思恩格斯文集：第 5 卷 [M]．北京：人民出版社，2009：871.
③ 马克思恩格斯全集：第 46 卷上 [M]．北京：人民出版社，1979：176.

劳动者的劳动的异化，与之前相区别的是，此时的马克思不再是单从劳动与生产的角度来认识异化，而是从社会关系的角度来认识异化，由此得出了三大社会形态的划分。在前两种形态下，人的社会交往关系都是扭曲的，人也都处于异化的状态。具体来讲，在以"人的依赖"为主要特征的第一种社会形态下，单个人以血缘和地缘关系来依附于血缘共同体中，人受制于宗法团体，人和人之间只有统治和被统治的关系，个人完全依附于共同体而存在，没有任何自由可言。随着生产力的发展和社会关系的进步，人类社会又进入"以物的依赖为基础的人的独立性阶段"，在这个阶段上，人已经完完全全地从原始的人的依赖中解放出来，但却又沦入物的依赖中，人被物所奴役和束缚，人的本质出现异化，而这正是资本主义社会的主要特征，也是马克思毕生致力于批判与揭露的社会形态。这种社会形态下，人相较于封建社会时期，获得了一定的人身自由，人从以往的人身依附转向物的依附中，人作为劳动者被资本家所剥削和压迫。马克思在《关于费尔巴哈的提纲》中写过，"人的本质在现实性上是一切社会关系的总和"①，只有在生产力极大发展、生产关系极大进步、人的物质生活极大富足的共产主义社会中，人的自由自觉的劳动才会成为可能，人的自由全面发展才能实现，人性才能真正实现复归与解放，而这就是马克思所说的"建立在个人全面发展和他们的共同能力成为他们的社会财富这一基础上的自由个性"的人类社会发展的第三阶段。

---

① 马克思恩格斯文集：第1卷［M］．北京：人民出版社，2009：501．

继《政治经济学批判（1857—1858 年手稿）》之后，马克思的《资本论》出版了。该著作是马克思立足于经济学来考察现实问题的著作，而他对人的本质的认识也就正式从哲学层面具体化到了经济层面，将人的本质观点具体到现实的经济学中的"人性"和"人格"之中，以经济学的视角来深化其人的本质思想。

人的本质在经济学领域中所呈现的具体形式是什么？马克思的政治经济学分析具有"二重性"的特质，其区分和整合了社会生产过程中"现实的"和"价值的"两个方面。其中，"价值的"一面是"社会性的"，指经济学中的社会关系和社会生产形式；而"现实的"一面是"物质性的"，即与生产关系和生产形式相对应的具体的物质形式，物质形式又分为两种：物质要素（生产资料和商品）和人的要素（劳动者）。"物质性"中包含的这两种要素在马克思的二重性分析中所扮演的角色是等同的，即社会关系的物质承担者。马克思在论述商品的二因素时，又将物质规定为价值的承担体。同样，其在对社会生产进行二重性分析时，也将人这个物质要素规定为生产关系的物质承担体。马克思在《资本论》中指出："这里涉及的人，只是经济范畴的'人格化'，是一定阶级关系和阶级利益的承担者。"① 可见，在马克思的观点里，人的本质在经济学领域的表现形式就是"经济范畴的人格化"。而这个所谓的"经济范畴"就是指经济关系的抽象形式。也正因如此，马克思对人有了两重的规定，即从自然存在角度讲，人是一个自然存在物质实体；从社会关

---

① 马克思恩格斯文集：第 5 卷 [M].北京：人民出版社，2009：10.

系总和的角度讲，人是经济关系的承担者。

人是"经济范畴人格化"也是"阶级利益和阶级关系的承担者"。马克思将人规定为"经济范畴的人格化"，实际上是马克思对"人是社会关系总和"的经济学解读。在《资本论》中，马克思在揭示人是经济范畴的"人格化"的同时，还赘述了"人是一定阶级关系和阶级利益的承担者"。实际上，"经济范畴的人格化"和"阶级利益和阶级关系的承担者"是相同的概念。马克思以"人格化"为中介的目的是揭示出经济活动中人的阶级性特质。"经济范畴"就是指生产关系，而阶级社会中的生产关系就表现为阶级关系。恰如恩格斯在《卡尔·马克思〈政治经济学批判〉》中所说的，经济学研究的是人与人之间的关系，归根结底就是阶级与阶级之间的关系。由此我们可以发现，马克思通过经济学的分析，又详细地揭示了在经济活动中人的社会关系总和本质中所呈现的阶级性。

我们可以发现，马克思从哲学的视域发现了人的社会性本质，又通过《资本论》中的经济学分析将人的社会性本质具体化为"经济范畴的人格化"，并以此为中介，最终得出资本主义社会关系中人的阶级性本质。这种层层深入、从抽象到具体的分析方法将马克思对人的一般本质的认识逐层地深化和发展，随着时代及历史的发展找到了不断生成和发展的人的本质。正如马克思所说的，他所研究的"不是处在某种虚幻的离群索居和固定不变状态中的人，而是处在现实的、可以通过经验观察到的、在一定条件下进行发展中的人"①，马克思对人的阶级性的认识，形象地反映出了人的各种基本的社会要素的集中统一，其将人的阶级性本质作为人的"社会关系总和"本质在经济领域的具体表现，也就阐明了在阶级社会中人的本质的具体表现。

---

① 马克思恩格斯文集：第1卷［M］．北京：人民出版社，2009：525.

第三章

社会实践是马克思人的本质思想的内核

人的本质问题被称为"斯芬克斯之谜",它是古今中外的哲学家、思想家终其一生都在求解的问题。马克思批判地承继了以往一切优秀的思想成果,建立了科学的人的本质思想,找到了打开人的本质之谜的钥匙,而这把揭开谜底的钥匙就是社会实践。社会实践作为马克思人的本质观的理论内核,它既是马克思认识人的本质问题的基础,也是贯穿马克思对人的本质认识的整个过程(生成、异化、自由全面发展)的中心线索。

第一节 社会实践是马克思认识人的本质问题的基础

社会实践之所以能够成为马克思人的本质思想的核心,最根本的原因就在于它是马克思认识人的问题的根本出发点,同时也是马克思的人学思想超越西方人本主义的精华之处。

一、社会实践是马克思理解人的本质问题的出发点

马克思科学的人的本质观主要分为两种思维方式：其一，以静态的视角，从人与动物相区别的角度给予人的本质以实体性定义；其二，以动态的视角给予人的本质以功能性定义。马克思以动静结合的方式既揭示了人的一般本质，也揭示了人所独有的社会性本质。马克思对这两类本质的划分与认识都是建立在"社会实践"的基础之上的。首先，"一切人，对于人来说都具有某种共同点"①，而这个共同点就是社会实践。与动物本能的适应自然不同，人类通过社会实践活动（主要是物质生产活动）创造物质材料，以满足自身生存和发展的物质需求，这一过程就产生了将人类与动物区分开来的"类本质"。其次，"人的本质，在其现实性上，它是一切社会关系的总和"②，这个"社会关系的总和"就包含在社会实践的范畴之中，人们在社会实践的过程中不断生成着新的需要，获得新的知识、能力，而这些新的需要、知识、能力又激发了人新的主观意志的生成，长久如此，人类的社会实践活动不仅使外部自然得到了改变，也使人类主体也得到了改造。人的本质在社会实践活动中不断地得到发展和丰富，从而不断生成着新的本质，不断地向自由全面发展的方向趋近。综合以上两点我们可以发现，无论是从"类本质"还是从"现实性本质"上，马克思都是以社会实践为出发点来探索人

① 马克思恩格斯全集：第 3 卷 [M]．北京：人民出版社，1995：444.
② 马克思恩格斯文集：第 1 卷 [M]．北京：人民出版社，2009：501.

的本质的内涵的。由于社会实践本身就是一个动态的、极具生命力的探索过程，因而其对人的本质的认识也是一个开放的、动态的、现实的、不断生成的过程，社会实践也成了马克思人的本质思想的理论内核所在。

（一）人以实践的方式而存在

人学思想源远流长，历代哲学家们围绕着人性或人的本质问题不断地探索，积累了丰富的思想文化遗产。对这些思想遗产进行分类归纳，可以发现先哲们对人的本质问题的认识分为了两个对立的派别：其一是以霍布斯、卢梭、爱尔维修、费尔巴哈等为代表的感性主义的人的本质观；其二是以笛卡尔、斯宾诺莎、康德及黑格尔等为代表的理性主义的人的本质观。持感性主义人的本质观的哲学家认为，人是一种感性的自然存在物，人的本质是感性；相反，持理性主义人的本质观的哲学家将人视为一种理性的存在，认为人的本质是理性。这两种人的本质的观点都揭露了人身上的某种属性，都具有一定科学的、合理性的因素，但却都以自身具有的属性来否定另一种属性，并将其消解于自身的属性中，无法将两种本质属性统一起来，因而也都同时具有非科学性和不合理性因素，从而对人的本质的认识只能是抽象的和片面的。马克思扬弃了西方哲学家对人的本质的这种抽象的、片面的及对立的认识，他以实践为中介，将人的感性本质与人的理性本质统一起来，并指出了旧哲学之所以将人的这两种本质视为水火不容的矛盾范畴，是因为他们没有发现实践，不知道人身上所具备的理性思维能力是在生产实践维持自身肉体生命存在的过程中产生和发展的，人正是在从事社会生产实践的过程中意识到了自身的存在，并随之形成了社会、国家且创立了文明，从而彻底地将自身从动物界分离开来，人的发展和人的本质的确证也是在社会实践中实现的。马克思以社会实践为突破口，实现了对人的本质的认识从抽象的、片面的理解向现实的、全面的、具体的理解转变。最终，马克思科学的人的本质观随着唯物史观的诞生一同确立。

从社会实践出发，马克思对人的本质问题给予了科学的解释：人不单单是以感性存在物的方式而存在，也不单单是以理性存在物的方式而存在，从现实来讲，人是一种既包含了理性也蕴含了感性的现实存在物，换而言之，人是以实践的方式存在。

（二）全部社会生活的本质是实践

马克思在《德意志意识形态》中指出："可以根据意识、宗教或随便别的什么来区别人和动物。一当人们开始自己生产自己的生活资料的时候，这一点是由他们的肉体组织所决定的，人本身就开始把自己和动物区别开来。"① 在这里，马克思明确地指出了以往哲学家所认为的意识、宗教等都无法将人从动物界彻底地分离出去，因而也都不是人的真正的"类本质"，是社会实践活动（首先是生产实践活动）将人与动物分离，正如马克思所认为的，人是什么样的，这既与人生产的是什么相一致，也与人如何生产相一致。由此，

---

① 马克思恩格斯文集：第 1 卷［M］. 北京：人民出版社，2009：519.

社会实践活动成了人的"类本质"，也成了人的内在本质的外在表现。

在《关于费尔巴哈的提纲》一文中，马克思开篇就提道："从前的一切唯物主义（包括费尔巴哈的唯物主义）的主要缺点是：对对象、现实、感性，只是从客观的或者直观的形式去理解，而不是把它们当作感性的人的活动，当作实践去理解，不是从主体方面去理解。"① 马克思在这里直截了当地批判了旧唯物主义的缺陷，指出它们仅仅从客体及人的直观性角度来认识对象性世界，并未从主体的角度及人的感性的实践活动的角度来认识客观世界。由此，其对对象世界的认识只能是客观存在的自然界，而看不到任何人活动的身影，而这并不符合对象世界的现实情况，也不满足人活动的客观实际，唯物主义开始"敌视"人了，而走向了反面。与唯物主义相对的就是唯心主义，唯心主义的缺陷与旧唯物主义的缺陷正好相反，它一味地夸大人的主体性及主观能动性，将人的社会实践活动看作是人主观绝对精神的外化，而客观存在的自然界也只不过是人的绝对精神在自然界的展开。由此，唯心主义并不清楚所谓的社会实践活动实质上是主体与客体、人与客观自然界及思维与存在的统一。

马克思指出，"全部社会生活在本质上是实践的"②。全部从事社会实践的人是一切活动的出发点，所谓的历史也只不过是追求着自身目的的人的活动而已，维持自身生命存在创造性活动是人类的第一个实践活动，而这个活动的本质就是主体的人与客体的自然界

① 马克思恩格斯文集：第 1 卷 ［M］．北京：人民出版社，2009：499.
② 马克思恩格斯文集：第 1 卷 ［M］．北京：人民出版社，2009：501.

之间的物质交换活动，也是主体的人将自身主观的意志、目的、意图对象化到客观世界的过程。由此，马克思就揭开了人的本质的神秘面纱，正是人的社会实践本质将主体的人的创造性与现实世界统一起来，调和了旧唯物主义与唯心主义之间的矛盾，实现了人的本质观的革命性变革。

二、基于社会实践马克思超越了现代西方人本主义

人本主义是现代西方哲学家探索的关键命题。现代西方哲学家们将人本主义规定为与科学主义相并列的思想潮流，其中，以叔本华与尼采为代表的唯意志主义、以胡塞尔为代表的现象学、以伯格森为代表的生命哲学、以海德格尔为代表的存在主义及新教的正统思想等都属于人本主义的范畴内。这些人本主义者都普遍认为，抑制人的情感及心理本能的活动就是人的本性。但具体地来讲，他们都以自身不同的哲学视角对人的本质问题进行系统的阐述。比如，唯意志主义学派的代表者尼采认为，"强力意志"是人类一切行为活动和生存发展的根本动力，它不仅是人的本质也是世界的本质，人的一切行为都是由非理性的强力意志所主宰，"强力意志"作为生命的核心，只有充分发挥人的意志的自由创造性才能塑造出坚强的人性。

此外，现象学学派的代表人物马克斯·舍勒将历史上所有关于人的学说进行了分类：（1）理性说。人是理性动物，这里的理性主要拘囿于精神理性的范围内，忽略了人与动物相类似的那部分。（2）

符号说。符号说主要是是以卡西尔的文化哲学为代表，认为人是符号动物，而人与动物的区别就在于，动物面对"符号"的时候只能凭借生理机能的条件反射做出回应，而人则不同，人能够将这些"信号"改造为有意义的"符号"，并通过运用不同的符号来创造文化，由此人的本质就在于"符号"。（3）意志说。以叔本华为代表的意志说认为，人生要获得幸福、内心想要达到宁静，就必须否定意志，意志是统治人身体的暴君，只有突破了它的统治，人才能获得解脱。（4）精神创造说。弗洛姆认为，自我超越和精神创造性是人的本质，也是人最基本的精神需要。人在最初与动物并无差异，但是自从人产生了理性与想象力，人便开始不满于自身的生物性角色，人以"创造者"的身份来确立自己超越其他生物的主宰地位，人也在创造中超越它存在的被动性和偶然性之外，而进入目的性和自由的领域。（5）宗教说。宗教说认为，人是由上帝创造的，因而人的本质就是上帝的本质。马克思·舍勒认为，精神活动与生活的冲动统一起来，才是人与动物相区别的"类本质"，也只有这样人才能真正的作为人而存在。法兰克福学派的代表人物马尔库塞从弗洛伊德的心理分析出发，认为"无意识"是人与生俱来的本质，其是受"快乐原则"的支配，而"有意识"是人在后天的社会实践活动中生成的，其是受"现实原则"的支配，因而，与生俱来的"无意识"更能展现人的内在本质。此外，马尔库塞还指出，在弗洛伊德的饥饿、口渴、性欲等生理本能中，性欲占据了统治地位，如果将人的生理本能规定为人的本质的话，那么实际上也就是把性欲规定为人的本质，换句话说也就是将人的本质规定为人的生命本能的冲动。由此，人的发展也就在于人对生理本能冲动的释放和反映。在《单向度的人》中，马尔库塞进一步揭示了现代社会及技术的进步对人类本性的压抑，以至于人类在追求物质中忽略了精神本能的释放，以至于人最终都发展成了单向度的人。

从以上分析论述中我们可以发现，现代的西方哲学家对人的本质问题的重视，但遗憾的是，他们对人的本质问题的探索始终是拘囿于旧唯物主义框架中的，始终是将人作为抽象的人来进行考察，对人的本质的认识总是局限在理性、精神等主体性特征上，并未从主客体的角度及从人与自然的关系角度来认识人的本质。由此，他们都未能超越马克思对人的本质思想的认识。马克思的人的本质思想是从现实的人的角度，以社会实践为基础，在不断改造客观世界的过程中改造着人类自身的。

第二节　社会实践是马克思人的本质思想的理论内核

人的本质"在其现实性上，它是一切社会关系的总和"①。这一句话被认为是马克思对人的本质问题最经典的表述。但遗憾的是，常常有人对"在现实性上"这句话的理解局限于人的社会性上，而无法真正全面的把握到马克思人的本质思想的内涵。其实，马克思

---

① 马克思恩格斯文集：第1卷［M］．北京：人民出版社，2009：501.

这里所讲的"在其现实性上"是指"以人的现实存在为基础",也就是说,在满足了人的自然属性的基础上、在人的现实的社会实践活动中。由此可见,马克思对人的本质划分为三个基本的规定性,即自然属性、社会属性和精神属性。这三种属性代表了人在同自然、社会和自己本身的关系中,作为自然存在物、社会存在物及有意识的存在物所表现出来的特点,这三重属性间相互联系,共同构成了"现实的人"的本质。然而,实践作为人的基本的存在方式,人是在社会实践中才得以存在的,社会实践生成和发展着人的自然属性、社会属性和精神属性,人的这三重属性只有在社会实践中才得以统一。

一、社会实践与人的自然属性

过去的马克思主义哲学教科书中是这样解释人的本质的:人并不是纯粹的自然物,人也不仅仅是作为生物学意义上的人而存在。人作为自然界的一部分势必拥有自然属性,但能够将人从动物界分离出来的是人的社会属性。当然,这种解释是对的,但是将人与动物相区别的"类本质"规定为社会属性,而否定人的自然属性也是人的本质的看法却是一种"非此即彼"的观点。我们在肯定人的社会属性是人的本质的同时,也应该肯定人的自然属性也是人的本质的规定性。自然属性作为人的本质,它是马克思"现实的人"观点的前提和基础。"全部人类历史的第一个前提无疑是有生命的个人的存在"①，马克思将人的自然属性作为人的本质的第一个规定，其余属性都是建立在自然属性的基础上的。然而，马克思之所以将自然属性作为人的本质的第一个规定性，是因为他发现了社会实践，正如他在《1844 年经济学哲学手稿》中所指出的："一个种的全部特性、种的类特性就在于生命活动的性质，而人的类特性恰恰就是自由的有意识的活动。"② 人作为自然界最资质平庸的存在，既没有狗天生灵敏的嗅觉，也没有狮子与生俱来的勇猛，但是人却能够劳动，能够通过生产劳动来为自己创造满足自身需要的东西。人也正是在物质生产劳动中将自己从动物界分离，并实现着自然的人化过程。

（一）生产实践使人从动物界分离，实现了从猿到人的演变

"人类历史的第一个前提无疑是有生命的个人的存在"③，关于人类这种生命存在的起源问题存在着五花八门的说法。其中，"神创说"将人类的产生归结于神，认为人这种类生命是神所创造的；"自然发生说"认为，人最开始是由鸟孵化出来的，或者是由鱼蜕变而成。生物学家达尔文从进化论的角度认为，人最初是从古猿进化而来的，人是自然界的产物。尽管达尔文科学指出了人类生命的产生问题，但是在资产阶级宇宙观的限制下，其对于人是如何从古猿进化到人的问题并未做出解答，而揭开这个秘密的是恩格斯。

恩格斯提出了"劳动创造人"的观点，该观点揭示了人类从古

---

① 马克思恩格斯文集：第 1 卷 [M]．北京：人民出版社，2009：519.
② 马克思恩格斯文集：第 1 卷 [M]．北京：人民出版社，2009：162.
③ 马克思恩格斯文集：第 1 卷 [M]．北京：人民出版社，2009：519.

猿转变到人的动力问题，为揭开人类起源的秘密指明了方向。恩格斯指出，是劳动创造了人本身，也是劳动促使人从古猿进化为人，并且将人与其他动物区别开来。恩格斯这里所指的劳动并非是我们通常理解的复杂劳动，而是简单的制造工具，这也是劳动的最初形式，正如他所说的"劳动是从制造工具开始的"，制造工具的目的是为了从事物质生产活动，物质生产活动是社会劳动的最基本形式。那么，具体地来讲，生产劳动又是如何使人从动物界分离，实现了从猿到人的演变呢？恩格斯在其另一部著作《家庭、私有制和国家的起源》一文中这样说道，大约生存于距今 200 万年到 300 多万年以前的猿人就已经可以制造简单的砾石工具了，尽管他们还带有很多原始的性质，但却已经具备人的基本特点。尽管猿人还不能称之为真正的人，但是那个时候他们已经拥有了双手，可以制造生产工具并可以从事简单的生产劳动了，于此也有了生产的意识；在这个过程中语言产生了，彼此之间有了交流，人的最本质的规定性已经具备，这些猿人已经是有意识、可以劳动的社会性动物，在他们身上我们能够看到社会形成的最初级形式，即简单的协作分工以及群婚关系等。正是因为实践劳动，早期的猿人已经具备了马克思对人的本质的基本规定，"人的本质是一切社会关系的总和""人是一种合群的动物"等，由此，猿人已经开始逐渐从动物界分离出去，严格意义上来讲，当猿人开始会制造工具来从事生产劳动的时候起，它就已经是严格意义上的"人"了。

（二）社会实践使人的生理机能得到发展和完善

人的发展过程一共经历了四个发展阶段：猿人（距今约200—

300 万年）、古人（距今约 10—20 万年）、新人（距今约 5 万年）、现代人（公元前 1 万年至今）。尽管生产工具的制造和使用将猿人从动物界分离出来了，但是刚刚脱离动物界的猿人依然带有浓重的动物痕迹，他们的头脑、四肢等生理机能还不发达，与现代人的差距很大。人的生理机能的发展经历了从猿人到古人、新人、现代人的漫长的发展过程，而劳动在这个过程中起到了决定性的作用。早在距今 300 万年前的猿人时代，人的手脑不发达，使用的也是最原始的"分节语"。但是，猿人已经学会了制造工具等简单的劳动，正是在长期的劳动实践中，猿人开始发生改变和发展。首先，最明显的改变就是双手，在艰辛且漫长的劳动实践中，双手变得越来越灵活，而骨骼、肌肉以及大脑等也在漫长的实践中不断地演化，在一代又一代的延续和发展下，人类的劳动越来越复杂，而人的双手在反复的劳动中也进化得日益灵巧。其次，人的大脑也在劳动中变得日益发达。据人类学家研究数据显示，早期猿人的脑量在 700 毫升左右，晚期猿人的脑量已达到 1100 毫升左右，古人时期，脑量已近 1500毫升，现代人的脑量平均是 1500 毫升，人脑的结构随着脑量的增长逐渐变得复杂，而人脑的发展也是随着人类的社会实践活动不断发展的。在长期的劳动中，人的大脑接触到的外在信号越来越多，大脑在处理各种外在信号的过程中提高了内部机能的发展，对身体其他器官功能的控制越来越严密，于是，脑量增大、结构复杂，人们认识问题和分析问题的能力也在逐渐提高。最后，语言的发展。猿人在劳动中逐渐意识到分工和合作的重要性，在长期的集体劳动中人与人之间需要交流，猿人简单的尖叫声和咽喉器官在反复的运用中开始产生了音调高低的变化，不同的音调被赋予不同的思想，长此以往，语言就诞生了。随着生产实践的日益丰富，新事物不断产生，社会分工日益的精细，人的大脑结构越发精密、双手越发灵巧、人体越发精干，人的生理器官和机能在劳动中得到发展和完善，所以正如恩格斯所言："劳动创造了人本身"。

实践在人的先天生理进化中起着至关重要的作用，而在现代人身上，实践对人的后天生理机能的发展依然具有决定性意义。一个先天正常的婴孩，他大脑的智力、视觉的敏感及双手的灵巧程度都与后天的社会劳动有着决定性的联系。每个人生下来都具有一个鼻子、一双眼睛、一双手，在生理上并无差异，但是生理机能却是在后天的社会实践中发生改变。作为实践的主体，人在改造客观世界的同时也在逐渐地改造作为主体的人，人的生理机能在后天实践的不断改造中发生变化。比如，长期从事肢体运动的舞蹈家，其身体的柔韧性和灵活度一定优于他人，音乐家的耳朵一定比常人灵敏，演讲家的语言能力也一定比别人丰富，而这一切都是人们后天长期的社会实践中造就的。

总而言之，无论从整体的进化角度，还是单个人的成长角度看，社会实践对人的生理机能的发展和完善都起着决定性作用，它不仅使人的生理机能优越于动物，在同类的人之间，也因为社会实践的程度不同，人与人之间的生理机能的能力大小也会产生一定差异。

（三）社会实践将自在自然转变为人化自然

马克思从实践的角度出发，将自然界分为了自在自然和人化自然两个部分。其中，自在自然是指人的实践活动还未涉及自然。人化自然是指，被人的实践活动参与过、改造过并留下了人类主体意识对象化的痕迹的自然界。这种在人的实践的参与下，自然界被烙印上了深刻的人的印记的自然界就是人化了的自然界。而从自在自然到人化自然的中介就是社会实践。人类正是通过社会实践的中介作用，将自身主体的意识、目的、情感等对象化到客观的自然界身上，自在自然逐渐地变成人化的自然界。

在猿人时期，人类只会简单的生产劳动，只会制造简单的生产工具，受劳动水平的局限，人类对自然的认识能力和改造能力都极其低下，大自然对人类来讲是个极其神秘的存在，人类对自然界充满了敬畏、崇拜和畏怖，自然界主宰着人类，人处于被自然统治的被动地位。随着社会实践的发展、劳动工具的进步，人类可以通过种植、放牧等劳动获得物质生产资料，不再完全依赖于自然而存在，甚至还可以依据自身的实际需求让大自然为自己服务，例如，人类学会了利用水能、风能等，此外，人类还逐渐学会了掌握和利用自然界的客观规律，人在自然界中的主体地位开始增强，自然界的人化痕迹开始显现。进入工业文明开始，人类社会实践的能力快速提高，带动了科学技术、社会生产力的进步，人类对大自然的认识与改造更为深入。笛卡尔甚至提出，人的理性的力量可以战胜一切。"征服自然"号角的吹响预示着人类开始成为自然界的主人。随着工业文明的不断推进，人类利用自然的能力更加游刃有余，人类利用自然界创造了丰富的物质财富和精神财富，人化自然的痕迹处处可见，原始的自在自然几乎完全变成了人化的自然界。

由上我们可以发现，社会实践在人类社会从自在自然向人化自然转变的过程中扮演着决定性的作用，而这个转变的速度、节奏也都是由社会实践的水平来决定的。在社会实践水平较低的时期，人化自然的痕迹较浅，而随着社会实践的逐渐深入和发展，自在自然逐渐褪去，人化自然的痕迹愈发凸显，自然界已经成为烙下人类深刻印记的自然界，人与自然的关系在实践中融为一体。

二、社会实践与人的社会属性

马克思认为，人不仅是自然存在物，具有自然属性，人也是社会存在物，具有社会属性。与自然属性一样，社会属性也是人与生俱来的属性，其随着社会实践的产生而产生，并在社会实践的作用下成为人与动物相区别的本质规定性。正如马克思所论述的，我们不能否认有生命的个人的存在是人类历史产生的第一个前提，同时，我也不能否认个人的存在和个人的活动是以社会整体的存在和发展为背景的，脱离了社会的孤立的个体是根本不存在的。马克思明确地指出了，"人天生是社会动物"[1]；"人就是人的世界，就是国家、社会"[2]。当人类开始从事社会实践活动，真正的人也就产生了，人与人之间也就产生了相互联系。正是在这个角度上，我们说社会关系是在社会实践中生成和发展的。

---

[1]　马克思恩格斯全集：第20卷［M］．北京：人民出版社，1971：512.
[2]　马克思恩格斯文集：第1卷［M］．北京：人民出版社，2009：3.

（一）社会关系在社会实践中生成

社会关系是在社会实践中产生的。在《德意志意识形态》一文中，马克思在探讨历史的前提和"原初的历史关系"时提出了人与人之间社会关系的生成：人通过种的繁衍实现了他人生命的生产，通过劳动实现了自己生命的生产，这两种方式体现了两种关系，即一个是自然关系，另一个就是社会关系。在这里，马克思深刻地指出了社会关系是在社会实践活动中产生的，从本质上讲，社会关系就是一种现实的社会活动。社会实践作为"整个现存的感性世界的基础"，它是人类一切社会关系生成的基础和源泉。从内在角度来看，社会实践包含了三类关系：人与自然、人与社会、人与人之间的关系。这三种内含的关系是实践生成人的社会属性的根据。在马克思看来，社会不是作为既成的结构强加于人的生存之中的，而是"以一定的方式进行生产活动的一定的个人，发生一定的社会关系和政治关系……社会结构和国家总是从一定个人的生活过程中产生的"①。以物质关系为基础的全部社会关系是社会实践的具体表现方式。正如马克思所认为的，物质关系是个体的活动借以实现的形式而已。由此，社会实践与社会关系之间就不能彼此分裂。一方面，社会实践的概念本身就包含了人的社会属性及社会关系，我们无法想象脱离了社会关系的社会实践是什么样的。另一方面，感性的社会实践活动是社会关系的发源地，而社会关系只不过是人类的社会

---

① 马克思恩格斯文集：第1卷［M］．北京：人民出版社，2009：524．

实践活动借以实现的方式而已。

社会实践与人的社会关系之间具有内在的同一性。一方面，我们应该看到社会关系制约着人们的社会实践活动；另一方面，我们还应该看到社会关系本身也是受人的生存和实践活动的制约。因为社会实践活动是以一定的方式存在的，而社会关系又是社会实践活动存在的必然形式。社会关系的这种存在形式不仅仅内生于社会实践，而且又是社会实践的内在属性及内在构成。但我们在探讨社会实践活动时，都是从形式和内容等不同的角度来探讨它，而这并不等于说生产关系、社会关系的形式先于社会实践而存在，只能说社会关系的各种形式都存在于社会实践中。此外，社会实践与社会关系的内在统一性表现在：其一，所谓的社会关系就是人类实践活动的方式；其二，社会实践是社会关系的一种，还是最根本性的一种社会关系。社会关系与社会实践之间的内在统一性表明了，我们不能离开社会实践活动，仅仅从社会关系中来抽象谈论人的社会性本质。

社会实践是人的社会属性的本质及基础。将人的社会属性理解为人的社会实践活动，这是马克思对人的社会本质属性的内在规定，也是其实践哲学的本质要求。马克思认为，人是一切实践活动的主体，也是全部社会关系的主体，人的本质又是自由自觉的活动，也就是说，社会实践是人的社会属性和一切社会关系的本质和基础。

（二）社会实践是社会关系发展的原因和动力

通过第一章的梳理我们可以发现，不仅仅是马克思认为社会关系对人的发展及人的社会生活具有相应的制约作用。在西方哲学史中，有很多的哲学家都曾提到过类似的观点。诸如，亚里士多德认为，人天生就是政治动物，但是社会生活却是人类存在的根本目的；爱尔维修认为，人是环境的产物；费尔巴哈也认为人有社会关系。尽管马克思对费尔巴哈的社会关系思想进行了深刻的批判，但是却依然肯定了其将社会关系看作人与人之间的基本原则的思想。从某种意义上来讲，马克思的社会关系思想之所以能够超越前人，就是因为他将社会实践的概念契入到社会关系之中，发现了社会关系产生的原因及发展的动力。否则，马克思的社会关系思想与爱尔维修的人是环境的产物的思想等同了。所以说，只有从社会实践的角度出发，才能厘清马克思人性思想与其他人性思想的区别。尽管马克思也提到过社会环境对人的影响，在《关于费尔巴哈的提纲》一文中也提到了人是社会关系的总和的观点，但马克思却对"人是环境的产物"的观点依然抱有怀疑，他从深层的角度指出，环境的改变与人的改变一致，都是社会实践的产物，只有从社会实践的角度出发，才能厘清环境对人的塑造与改变。由此可见，马克思对人的社会属性的理解与西方传统哲学家的区别就在于，他立足于社会实践的角度来考察人的社会关系本质的问题，由于社会关系在社会实践中生成，也由于社会实践是社会关系产生和发展的根本原因和动力，所以脱离了社会实践的前提，再去谈论人的社会属性都是不科学的。

　　社会关系的内涵在实践中得到丰富和发展。通俗来讲，人的社会关系属性是指人的社会性的存在方式，它是有人的社会劳动所创造的，人在自由自觉的实践活动中不断生产着新的社会关系，淘汰掉旧的社会关系，人也永远不会满足现有的社会关系，当现有的社会关系阻碍了人的自由全面发展的时候，人就会通过社会实践的作用来变革这些关系，长此以往，社会关系的内涵就在实践中得到了不断的丰富和发展。

人类历史就是一部生产关系的发展史，在人类发展的每一个历史阶段中，对应的社会关系都有其存在的必然性及必要性，当然也有局限性。建立在私有制基础上的社会关系带来了阶级和阶级的对立，人的本质也在这种社会关系中异化，人与人之间是剥削与被剥削的存在，资本主义社会中的这种社会关系在一定程度上推动了社会经济的发展，但却因为限制了人的自由全面发展而被批判。由此，为了改变人性异化的现状，首先就需要改变资本主义状态下的这种社会关系，然后建立与社会主义相匹配的社会关系。因此，社会主义社会的所有制形式是社会主义公有制，在这种社会关系下，人与人之间只有合作与竞争的关系，人不再受物所奴役，也不再被资本家剥削，社会关系完全有利于实现人的自由全面发展。

然而社会主义社会的生产关系是一种在实践中不断发展和完善的新型的社会关系，其既有与生产力发展及人的发展相适应的一面，也有不利于生产力和人的发展的一面，尽管适应性的一面是主要的，但是针对不适应的一面也应该积极地进行变革修正，而这种变革与修正只能通过社会实践才能实现，只有在社会实践的动力作用下，社会关系才会得到进一步的发展和完善。

三、社会实践与人的精神属性

人不仅是自然界的一部分和社会化动物，而且"人是有意识的类存在物"①，人不仅具有自然属性、社会属性，而且还具有精神属性，具有意识和自我意识。人的意识性是人区别于动物且人之所以为人的本质特征之一。人的理性思维能力使人具有了主体的能动意识，而人的意识、思维形成的基础在于社会实践，社会实践又是由人凭借思维、根据客体的属性和主体的需要产生的，一切社会实践的方式、目的、工具等都只不过是"物化的智力"，由此可以说，人的精神属性是以社会实践为基础而生成的，人的创造性思维也是由社会实践所赋予的。

（一）人的精神属性在社会实践中生成

科学已经证明，意识作为人脑特有的机能，是人类在长期的社会实践活动中形成的，是主体与客体之间进行的信息、目的、意图等内容的交换。社会实践使人类成了"有意识的类存在物"，人不仅能够意识到"我"的存在，还能将自己的生命活动与动物的生命活动区别开来。换而言之，动物只具有能动意识，而人的意识具有能动性和自主性，动物本能的意识只是其作为自然生命的本能反应而已，没有"自主精神"的支配。这主要是因为，动物的一切活动都

---

① 马克思恩格斯文集：第 1 卷［M］．北京：人民出版社，2009：162.

是受生命本能的需求驱使的，其并不具备从事生产劳动的能力，也就无法生成任何精神层面的规定性。在这个意义上，精神属性只是针对"人"来讲的，人类在长期的社会实践活动中产生了语言等，由此便产生了意识。随着社会实践的深入，人们在认识世界和改造世界的过程中又产生了各种各样的需要、目的、意图、非理性化的情感等，这些都是人类社会实践活动的精神产物。

人的精神属性在社会实践中发展着。人的意识是在长期的社会实践中得到生成、发展和确证的。目的、观点、意图、思想等的产生最开始是与人们的物质生产活动、物质交往以及现实生活的语言交织在一起的，他们都是人类从事物质生产活动的直接性产物。人的意识并非是与生俱来就在头脑中形成的，当然也不是后天"纯粹"的头脑活动的产物。从内容角度来讲，所谓的意识在任何情况下都只是被意识到了的存在，而人们的存在就在他们的现实生活过程。①从能力的角度而言，人在什么样的程度上改变了自然界，那么也就意味着人的智力也在什么样的程度上得到发展，人的思维最本质的基础就在于人给自然界所带来的变化。当然，正如上文所提到过的，语言在意识形成中的作用，正是因为产生了语言，人的意识的产生才具有物质的外壳，然而语言也不是与生俱来的，它也是人类在长期的社会实践中产生的。正如马克思所言，语言是一种实践的、既为别人存在，也为自身存在的、现实的意识。换句话说，人的精神属性是在社会实践中产生和发展起来的，正是社会实践使人的生命

---

① 马克思恩格斯文集：第1卷［M］．北京：人民出版社，2009：525.

活动与动物的生命活动区别开来，使人类真正成为有意识的类存在物，也正是在社会实践活动中，人不断的改造着客观物质世界，从而确证着自己的本质。

（二）社会实践赋予人创造特性

人的创造性思维是在社会实践中生成的。意识并非是人脑与生俱来的存在物，而是随着社会实践的发展不断进化而来的。意识的形成赋予了人脑两种认识世界的能力，即理性的认识能力和非理性的认识能力。其中，"理性"的认识能力是指人们可以依据事物的表象做出逻辑判断和推理，并按照逻辑思维规律指导实践活动的能力；"非理性"的认识能力是指人们所具有的一种非逻辑、非条理化的精神能力，如本能能力、直觉能力等。理性与非理性共同构成了人的创造性思维能力。创造性思维能力是人类长期的社会实践活动的产物，随着社会实践的发展而发展。创造性思维活动体现了人类精神属性的自主性，人类正是在这种创造性思维活动中不断地丰富和发展着自身的本质。

社会实践活动体现了人的创造特性。如果我们将人性与人的实践活动看作一个系统的话，那么这个系统可以被划分为以下几个环节：（1）社会实践的动机是为了满足人的需要；（2）根据实践动机制定实践方式并发挥人的能力；（3）运用实践方式改造客观对象；（4）被实践改造后的客观对象构成了人的世界；（5）人的世界反过来成为良心的实践对象，另一方面又决定了人的能力和需要的发展，从而为新的实践活动提供新的目的与手段。在这个实践活动的运转体系内，人的世界的建立与对象世界的改造成为最关键的一环节，这个过程就体现了人的实践活动所具有的创造特性。所谓的创造，并不仅仅是指人创造了一个对象性的世界，还指人在实践活动中创造了人自己。人的本质也并不像费尔巴哈所认为的那样等同于人的存在，而在于人对自身存在的改变。人在社会实践活动中改造了全世界，也在不断地改造和更新着人的本质。正是人的创造性活动，人将自己从动物界分离出来，也正是因为人的创造性活动，人离动物界越来越远，越来越赋有人性。人在各种创造性的实践活动中，丰富与发展着人的各种属性。

值得强调的是，人性就是在人的不断的创造性实践活动中生成的，人性的生成就是人的自我创造的过程，人正是在这个自我创造的过程中形成了自己的属性、特征、本质等方面无限的可能性，但这些可能性并不是潜藏在人性的原型中，而是通过社会实践活动所揭示的人性的发展前景。所以说，人的各种属性及特征并非是一开始就包含在人性特征之中的，而是在一定历史条件下人的社会实践活动具体创造的产物。

第三节　社会实践是马克思人的
本质思想演进的中心线索

通过第二章的梳理，我们不难发现，社会实践不仅是马克思人的本质思想的核心观点，也是其思想演进的中心线索。在《博士论文》到《〈黑格尔法哲学批判〉导言》阶段，之所以称之为其人的本质观的孕育阶段，是因为此时的马克思对人的本质的认识还局限于形而上的阶段。而自《1844年经济学哲学手稿》提出"人的本质是实践"开始，马克思对人的本质的认识才开始逐渐地从形而上走向形而下的现实，我们也由此说，马克思科学的人的本质观最开始是在实践中生成的。当然，《1844年经济学哲学手稿》在发现"实践"的同时，也立足于社会实践，发现了在资本主义社会的生产实践中人的本质出现了异化的状态，而这种异化状态要最终扬弃，从而实现人的自由全面发展也必须通过社会实践才能得以完成。

一、人的本质在社会实践中生成

恩格斯的"劳动创造了人本身"这个命题是对人的本质的生成和发展的集中概括。社会实践作为人所独有的积极的创造性活动，其在改造人的外部世界的同时，也在不断地改造着人类自身，激发着人的内在的各种潜能，从而不断生成着、丰富着人的内在本质。在生产实践中，人们对客观世界的改造与对主观世界的改造之间是相辅相成、协同发展的，人在改造外部世界的过程中不仅发挥和展示着人的各本质力量，而且也在发展和塑造着人的各本质力量，换句话说，人的社会实践的过程就是人的各内在本质不断生成和发展的过程。

马克思认为，所谓的现实的人就是在一定的社会历史条件下从事着社会生产实践活动的人。决定着人的本质的属性并不是最基本的物质自然属性，而是人类在从事社会实践活动中所产生的各种社会关系，以及所赋予的社会属性。正如马克思所表达的，黑人就是黑人，只有在一定的社会关系下才能成为奴隶。狼孩本来应该是人的孩子，他具备人所拥有的一切自然基础，但是由于长期脱离社会实践及社会关系，最后只能是作为狼而存在。这个例子形象说明了社会实践、社会关系及社会历史条件对人的本质形成起到的巨大作用，在我们考察人的本质的时候，不能脱离人的实践来考察，应该将人的本质看作人长期的社会实践活动演进的产物。

马克思指出，整个世界史只不过是人通过人的劳动而诞生的过程，是自然界对人说来的生成过程。① 由此可见，无论是人的秘密还是社会历史的秘密都蕴藏在社会实践中。由此，马克思批判了费尔巴哈不该仅仅从"感性的对象"而非人"感性的活动"当中去挖掘人的本质的秘密，人的本质究竟是什么？这个答案只能从人的社会存在方式和实践活动中去探寻。人的本质、人性都在社会实践中形成，社会实践也成为考察人的本质问题的重要线索和理论依据。马克思在《资本论》中指出："劳动首先是人和自然之间的过程，是人以自身的活动来引起、调整和控制人和自然之间的物质变换的过程。"② 人的这种简单的劳动不断地重复和创造，不仅使人的本质实现了对象化，也使人的品质、经验、智慧等在实践中得到积累和发展，这些处于不断发展着的物质生产及物质交往中的人们，在改变外在世界的同时，也改变着人类自身。而这个过程就是作为主体

---

① 马克思恩格斯文集：第 1 卷［M］．北京：人民出版社，2009：778.
② 马克思恩格斯文集：第 5 卷［M］．北京：人民出版社，2009：207.

的人的本质的生成的过程，所以说，社会实践不仅是客观世界的物质变换过程，也是人的本质的生成和创造过程。

动物与人都作为自然界的存在物，这种生命的存在是有本质上的区别的。首先，动物的生存是与自然界同一的，动物作为自然界的一部分，其是通过消极的适应环境来维持自身的生存，因而，动物不对什么发生关系。相反，人作为与动物不同的存在，其与自然界之间是对立统一的关系，人类通过实践的中介作用来改变自然环境以维持自身生命的存在，所以，人与万物建立联系、发生关系，而这些关系也都是为我而存在的。人也是在创造这些关系的过程中发展着人类自身。具体地来讲，人与动物的这种差别主要在于，动物是按照已经获得的种的规定性再生产自己，人是将以往的历史结果作为前提，通过实践活动创造着新的规定性，并通过自己的实践活动为未来的人们创造新的历史前提。从这个角度来讲，我们可以说，人的历史就是在社会实践活动中不断生成着自己新的规定性的历史，人也在实践中不断地生产着全面的、发展的人的本质。

从现实性看，人的实践与动物本能的适应活动之间也是有本质区别的。动物的本能活动只能按照种的尺度，人的实践活动却具有多种尺度。也由此决定了人的普遍性及人的发展的无限可能性。马克思正是在这个意义上克服了旧唯物主义在环境和人的问题的二元悖论。其确立了以实践为基础的主客体双向生成机制。马克思指出，环境的改变和人的自我改变的一致，只能被合理的解释为革命的实践。这里的"革命的"指的就是破旧立新的"创造性"。由于马克思将视角从"感性的对象"转向到"感性的活动"，其发现了社会实践的概念，由此马克思在人的本质观上实现了革命性变革。

二、社会实践的消极方面是人的本质异化的根本原因

所谓的"异化"是指人的物质活动及精神活动本身及其产物在特定的历史条件下变成了一种外在的、异己的力量，反过来统治、支配着人自身。第一个将"异化"概念用到人的本质身上的是费尔巴哈。费尔巴哈认为，人的本质是理性、意志和心，而上帝是人的本质的对象化的产物，代表了人的本质的丧失。费尔巴哈对人的本质异化的阐述揭露了宗教产生的根源。马克思继承了费尔巴哈"人的本质异化"的概念范畴，他指出，人的本质是自由自觉的活动，但在资本主义私有制的条件下，人的"类本质"——劳动发生了异化，而劳动的异化就是人的本质的异化。在《1844年经济学哲学手稿》中，马克思对人的本质的异化做了详细的论述。马克思将人的本质的异化分为四个阶段：劳动者和劳动产品相异化；劳动者和劳动活动相异化；人的类本质同人相异化；人与人相异化。这四个异化中，人同人的异化是核心，它既是劳动异化的结果，也是私有制产生的直接原因。也由此，马克思认为，人的本质的异化及异化的扬弃构成了资本主义产生、发展、灭亡的全过程。

社会实践的消极方面是人的本质异化产生的根源。马克思在《1844年经济学哲学手稿》中不仅指出了人的本质异化的四个方面，还进一步指出人的本质异化产生的根源问题。马克思说："人是怎样

使自己的劳动外化、异化的？这种异化是怎样根源于人类发展的本质？"① 马克思的这两个问题一个是针对人的本质异化产生的直接原因，另一个是针对人的本质异化产生的根源问题。此外，马克思还指出了解决这个问题的基本思路：应该从人的发展本质——社会实践中去探求人性异化的根源问题。实际上，要探讨社会实践就包含两个内容：改造自然的实践、社会实践。从改造自然的实践看，人们为了从自然界获取各种信息、能量来满足自己的物质需要，就必须对自然界进行认识和改造，从而将自在自然变为人化自然的同时，也使人自身在改造自然的过程中得到提升、发展。这是社会实践的积极方面，也是人自身及人类社会得以产生和发展的根本原因。此外，社会实践还会带来负面影响，首当其冲的就是人的本质的异化的产生。其主要表现在：人类在改造自然和利用自然的过程中由于掌控不了实践后果而产生盲目性，这种盲目性会带来一系列的消极后果，以至于灾难的产生。总而言之，由于人类有限的实践能力、狭隘的利益关系驱动、人类实践活动的盲目性这三个因素所产生的社会实践活动的消极方面，导致人类的社会实践活动无法成为人的本质确证的方式，而成了人在外化范围内或作为外化的人的自为的生成。由此可以说，人的本质发生异化的根本原因就在于社会实践活动所产生的消极后果。也只有在这个角度上才回答了"这种异化是怎样根源于人类发展的本质？"的问题。我们认为，人的社会实践的水平，尤其是社会实践的双重效应所带来的消极后果是人的本质

---

① 马克思恩格斯文集：第1卷 [M]. 北京：人民出版社，2009：168.

发生异化的根本原因。但我们却不能由此认为社会实践所带来的一切消极后果都会造成人性的异化，只有当社会生产力发展到一定的程度，且社会实践的消极效应累积到一定程度后，人的本质的异化才会出现。

关于人的本质异化的原因问题，马克思是着重从人与社会关系的实践角度论述的。马克思所处的时代是资本主义工业化刚刚开始的阶段，在该阶段，生产力的快速发展激化了人与人之间的矛盾，而马克思敏锐地发现了这一现象，由此开始深切关注劳动者的命运。在《费尔巴哈》一文中，马克思对资本主义的异化现象产生的原因进行了分析和归纳。他指出，异化产生的直接原因主要有两点：第一，旧式分工造成的社会活动的固定化。马克思认为，传统的自然分工所形成的旧式分工将人的实践活动变成了一种与人对立的、异己的力量，也将人的活动范围进行限制和固定化。第二，世界市场力量对个人的支配。当世界历史形成后，以前地域性的个人就转变为普遍的个人，单个人孤立的实践活动也变成了历史性的实践活动，也由此，单个人的活动开始受到世界历史的支配。而这就是资本主义状态下人的本质产生异化的又一个原因。以上这两点原因统一起来，就是资本主义私有制导致了人的本质异化的产生。但值得注意的是，马克思并未全盘否定人的本质异化的现象，也肯定了其积极作用，认为这些使人的本质异化的力量也推动了社会的进步与发展。

总的来说，导致的人的本质异化有两面方的原因，但发生在人与自然之间的社会实践是主要的原因，因为人与自然之间的狭隘关系也决定了人与人之间的狭隘关系，而人与人之间的狭隘关系也同样决定了人与自然之间的狭隘关系。①

三、人的自由全面发展在社会实践中实现

针对资本主义工业化出现的"人的本质异化"的人性发展困境，马克思进行了深刻批判，他指出，资本主义的旧式分工和私有制限制了人的发展，一些人只能依靠剥削另一些人来满足自己的需要，这些被剥削的人的基本物质需要都无法得到满足，更不具备发展的可能，人性只能畸形的发展。然而，人并不是孤立的存在物，而是"社会关系的总和"，一个人的发展取决于与其交往的一切人的发展，即"每个人的自由发展是一切人的自由发展的条件"②。由此，只有阻碍单个人发展的旧式分工和私有制（社会实践的消极方面）被积极的"扬弃"了，人的全面发展才具有可能性。

人的全面发展就是指人的本质的全面发展，马克思将人的本质分为三类：其一，人与动物相区别的"类"；其二，个人与"一般人"相区别的现实性本质；其三，个人与单个他人相区别的个性。那么，人的全面发展也就包含了三方面的发展，即人的"类本质"的全面发展；人的"社会本质"的全面发展；人的"个性"的全面发展。在上一节中我们指出了人的本质是在社会实践中生成的，那么同理，人的本质的全面发展也应当在社会实践中实现。

首先，人的"类本质"的全面发展要在社会实践中实现。马克

---

① 马克思，恩格斯. 费尔巴哈［M］. 北京：人民出版社，1988：26.
② 马克思恩格斯文集：第2卷［M］. 北京：人民出版社，2009：2.

思认为，自由自觉的活动是人的"类本质"，人的"类本质"的全面发展也就是人的实践本质的全面发展。人的实践活动在个人那里的发展主要包括两方面的内容。一是人的社会实践的性质和内容应该具有明显的主体性特征，人作为社会实践的主体，应该自由自觉、全面发展自己的全部才能和一切能力，也就是说，人要能动的从事创造性的实践活动。二是人从事社会实践活动的形式和内容应该是丰富多样的，而不是重复性的劳动。但是，在资本主义旧式分工的背景下，人的本质被异化，人沦为"工具"，成为"单面的人"。而全面发展的人却是能够从事各种劳动的人。因此，人与动物不同，动物只能按照其种的要求本能的适应外部自然界，人的"类本质"的全面发展则是要人在世界中确立自己的主体地位及价值，能够做到自由地、自觉地劳动和生存。

其次，人的"社会本质"的全面发展在社会实践中实现。在资本主义的旧式分工下，人的实践活动是片面的，由社会实践中生成的人与人及人与自然之间的社会关系也必然是片面的，作为私有制和旧式分工积极"扬弃"的共产主义社会，人的本质开始向自然本性和社会本性的全面复归，人的"类本质"也会在感性、理性等方面获得全面的发展，而这也必然需要全面的社会关系与之相适应。换而言之，人的"社会本质"的全面发展离不开全面的社会实践的作用，只有当社会实践的消极效应被抵消，传统的旧式分工被打破，个人与他人、个人与集体、个人与人类之间才能和谐发展。

最后，人的"个性"的全面发展在社会实践中实现。传统的旧式分工及异化劳动压抑着人的个性，要实现人的个性的全面发展，就得打破旧式分工、解放人性。具体地来讲，主要包括：第一，充分发挥个人的潜力。从人的普遍属性来看，人是感性和理性并存的存在物，人的社会实践能力是从自然界中进化而来的，每个个体从事的社会实践不同、实践的方式不同，则内在潜藏的自然潜力也就不同，但传统的旧式分工将人的这部分潜力压制起来了。因此，个人应该多尝试、多实践，将潜藏在自身身上的这部分潜力在实践中激活和发展，增强个人的自然个性。第二，身心的和谐发展。一个健全的人不仅要拥有健全的体格，还应该拥有健康的心理，即自由、豁达等，这些健康的心理需要在丰富全面的社会实践中锻造。第三，个人需要的丰富。马斯洛将人的需要分为了五个层级，这五个层级的需要是根据人的实践发展过程划分的，当人的社会实践处于初级阶段的时候，人只有基本的生存需要，随着实践方式的丰富，人的个人需要也逐渐丰富起来。第四，个人的道德观念及自我意识的全面发展。这是人的个性全面发展的重要标志。总而言之，人的自由个性的全面实现是以人的"类本质"和社会性本质以及能力的全面发展为前提条件的，这些方面的发展又是以社会实践为手段和实现方式的，社会实践为人的自由全面发展创造丰富的外部物质条件。

第四章

共产主义运动是马克思人的本质
实现的现实路径

马克思和恩格斯在《共产党宣言》中明确指出，未来的共产主义社会是一个"代替那存在着阶级和阶级对立的资产阶级社会的，将是这样一个联合体，在那里，每一个人的自由发展是一切人自由发展的条件"①。马克思在《共产党宣言》里不仅形象地描述了共产主义的宏伟理想就是人的自由且全面发展，即人的本质的真正实现，也指出了实现该宏伟理想的现实路径——共产主义运动。共产主义运动是作为资本主义的对立物而产生的，它肩负的历史使命是彻底的废除人被剥削、异化的制度，将人类从剥削和压迫中解放出来，使人类从自然和社会中获得更多的自由和发展，最终实现全人类的解放和每个人的自由全面发展。中国特色社会主义作为共产主义运动的中国方式，其始终将"解放和发展生产力、消灭剥削、消除两极分化，最终实现共同富裕"作为社会主义的本质，通过建立市场经济、进行政治体制改革、进行社会和文化建设等方式实现人的快

---

① 马克思恩格斯文集：第 2 卷 [M]．北京：人民出版社，2009：53.

速发展，为人的本质的实现奠定了坚实的基础。中国特色社会主义建设取得的辉煌成就也为世界人民争取人类解放和人的自由全面发展的实现带来了深刻的借鉴意义。

第一节 共产主义运动的实践生存论向度

在马克思的观点里，人的本质的真正实现就是人的解放和人的自由且全面发展的实现。共产主义运动作为实现人的本质的实践方式，它不仅将人的解放规定为运动的根本宗旨，也将人的自由且全面发展作为运动的终极目标。

一、人的解放是共产主义运动的根本宗旨

解放全人类是共产主义运动的根本宗旨，也是马克思追寻的真正目标。在《1844年经济学哲学手稿》中，马克思指出，共产主义不是人发展的目标，而是实现人的解放的一个必然环节。① 我所追求的不是共产主义，而是人性解放的实现，共产主义不过是人类发展的下一个阶段中最适合人类自由全面发展的社会形态而已。由此，我们应该知道，共产主义并非是人类发展的目标本身，而是实现人性解放的过程中的一次飞跃。随后，在《德意志意识形态》中，马

---

① 马克思恩格斯文集：第1卷［M］．北京：人民出版社，2009：197.

克思明确地指明了共产主义不是现实与之相适应的理想，而是消灭现存状况的现实运动。① 所以，共产主义运动并不是具体的社会目标，而是改变现状、实现人性解放的运动实践。弗洛姆也指出："马克思主义是一种人道主义，他的目的在于发挥人的各种潜能……马克思关心的是人，而且他的目标就是让人从物质利益的支配下解放出来，让人从他自己的安排和行为所造成的束缚自身的牢笼中解放出来。"② 此外，弗洛姆还指出，社会主义的理想目标就是实现人性复归与解放，实现人与自然之间以及人与人之间的联合。③ 由此可见，在关于共产主义的理解上，弗洛姆与马克思意见一致，他们都将人性解放视作是"共产主义"的真正内涵。

"何为共产主义？""共产主义是关于无产阶级解放的学说"④，那么无产阶级解放与人的解放又有何关系？《1844 年经济学哲学手稿》对这一问题进行了深刻的解答。社会以工人解放的政治形式将人从奴隶制和私有财产中解放出来，普遍的人的解放就蕴含于工人解放之中，之所以如此，是因为工人的生产关系中包含着整个的奴役制度，所有的奴役、剥削关系都是这种生产关系的变形。⑤ 人性的彻底解放就是将人从一切压迫与剥削中解放出来，而资本主义社会中，处于被压迫、被剥削状态中的就是工人阶级，换句话说，工

---

① 马克思恩格斯文集：第1卷 [M]．北京：人民出版社，2009：539.
② ［德］弗洛姆．人的呼唤——弗洛姆人道主义文集 [M]．毛泽应，刘莉，雷希，译．上海：上海三联书店，1991：11—12.
③ ［德］弗洛姆．人的呼唤——弗洛姆人道主义文集 [M]．毛泽应，刘莉，雷希，译．上海：上海三联书店，1991：92.
④ 马克思恩格斯文集：第1卷 [M]．北京：人民出版社，2009：676.
⑤ 马克思．1844 年经济学哲学手稿 [M]．北京：人民出版社，2000：62—63.

人阶级的地位和生活现状决定了他们具有极强的被解放的需要。总之，从普遍性意义来讲，马克思所说的人性解放就是指全人类的解放；但从具体的角度来讲，所谓的人性解放首先就是对工人阶级的解放，因为，无产阶级只有解放了自身，才能最终解放全人类。

二、人的自由且全面发展是共产主义运动的终极目标

马克思、恩格斯在《共产党宣言》里对共产主义社会做了明确的规定，指出所谓的共产主义社会是"一个联合体，在那里，每一个人的自由且全面的发展是一切人的自由发展的条件"①。马克思将人的自由且全面的发展作为未来共产主义的社会特征，那么，从过程论的角度看，实现人的自由且全面的发展就是共产主义运动的终极目标。

什么样的人才算是自由且全面发展的人呢？在马克思的观点里，自由且全面发展的人一定是不受阶级的剥削和阶级的压迫的人；也必须是不被社会分工所束缚的人；还是一个能够自由自觉的从事社会劳动的人。要成为自由且全面发展的人首先就必须进行社会革命或者是社会改革，彻底破除资本主义的社会制度，建立社会主义的制度，推翻资本主义的统治，实行无产阶级的统治。关于这一点，马克思在《德意志意识形态》里就曾做过论述，指出共产主义运动与以往运动的不同之处就在于，它要推翻一切腐朽的生产关系及社

---

① 马克思恩格斯文集：第 2 卷 [M]．北京：人民出版社，2009：2．

会关系的基础，且把一切自发形成的前提视为前人的创造，将这些前提的自发性给予消除，让他们被联合起来的个人支配。① 这里所提到的一切腐朽的生产关系及社会关系的基础就是指资本主义社会及剥削制度。而每个人都能自由且全面的发展一定是在一个没有剥削、没有阶级压迫的共产主义社会中才能实现。共产主义运动是通往人的自由全面发展之路的实践方式，因为只有消灭私有制、建立公有制，消灭异化劳动、实现自由劳动，让每一个人都能全部占有社会生产力，每个人才能够自由且全面的发展。

第二节　中国特色社会主义是实现人的本质的现实运动

中国特色社会主义是中国共产党人的创造性实践，也是共产主义运动的中国方式。中国特色社会主义建设并不是建立在西方资本主义国家所创造的发达的社会生产力的基础之上的，而是建立在一个经济、文化都相对落后的社会主义国家中，并在这样一个国家中解放和发展生产力，进行社会主义建设，从而创造了具有中国特色的社会主义事业。中国特色社会主义作为世界共产主义运动的重要组成部分，其运动的价值理想是一致的，即实现人的本质——人的自由且全面发展。

---

① 马克思恩格斯文集：第 1 卷［M］. 北京：人民出版社，2009：574.

一、坚持以人民为中心的核心理念贯穿始终

人的解放和人的自由全面发展是人的本质发展的最终目标。在中国特色社会主义建设中，中国共产党始终将人的本质的实现作为发展的根本目的，围绕着社会主义建设、中国特色社会主义的发展及执政党建设三大问题形成了四大理论成果：邓小平理论、"三个代表"重要思想、科学发展观、习近平新时代中国特色社会主义思想。这四大理论成果都将"以人民为中心"作为思想理念，将发展的目的都落脚到"人"身上，将满足人民的需要作为需要解决的核心议题。

邓小平理论主要回答的是"何为社会主义？如何建设社会主义？"这一问题。邓小平指出，解放和发展生产力、消灭剥削及两极分化、实现共同富裕就是社会主义的本质。换而言之，社会主义的本质就是提高人民的物质生活水平，维护人民的根本利益，以经济建设为中心，努力解决人民的温饱问题。邓小平还指出"社会主义发展生产力，成果是属于人民的"①，走社会主义的道路，就是逐步实现共同富裕的道路。由此可见，邓小平理论中蕴含了"以人民为中心"的思想，而中国特色社会主义的建设事业也是以人为根本目的的建设事业。

随后，江泽民提出了"三个代表"重要思想，将以人民为中心

---

① 邓小平文选：第3卷［M］．北京：人民出版社，1993：255.

的观念推向一个新的高度。首先，"三个代表"的本质思想是坚持立党为公、执政为民，这深刻地体现了将人民群众作为根本目的的思想。其次，"三个代表"的思想核心是要代表最广大人民的根本利益，将人民群众的利益作为社会主义建设的根本事业。最后，"三个代表"强调"以人为本"（以人民为中心）不仅表现在发展先进生产力及文化上，还体现在要将"立党为公、执政为民"践行到党的方针、政策中去。

围绕着"以人为本"（以人民为中心）的思想主线，胡锦涛提出了科学发展观，明确地指出要"坚持以人为本，树立全面、协调、可持续的发展观，促进经济社会和人的全面发展"[①]。立足于人及人的自由全面发展的价值指向来认识科学发展观，在社会历史的发展规律上逐渐地实现着向人的本性的复归。其一，科学发展观是以人民为中心的发展观。科学发展观的本质就是以人为根本，将人作为发展的根本目的，而经济建设则是实现该目的的手段。其二，科学发展观的价值指向是实现人的自由且全面的发展。中国特色社会主义的根本命题就是实现人的发展，科学发展观的提出和践行，就是要将人的自由全面发展作为奋斗的根本目标，让发展的成果惠及全体人民。其三，通过科学的途径实现人的自我发展。中国特色社会主义建设中所蕴含的"以人民为中心"观念并不是空洞的口号，而是通过科学的方法进行全方位的整体布局，以全面推进社会主义的经济、文化、政治的发展。

---

① 始终坚持以人为本［N］．人民日报，2012－10－30.

进入新时代，习近平提出了"以人民为中心"的重要命题，该命题强调，人民不仅是历史的创造者，也是关乎党和国家命运前途的关键力量，所以我党要始终坚持人民群众的主体地位，要坚持立党为公、执政为民，践行全心全意为人民服务的根本宗旨，将实现人民群众对美好生活的向往作为中国共产党奋斗的最高目标。习近平"以人民为中心"的发展观体现了社会主义的本质要求，也展示了马克思主义哲学的价值观念。

总之，以人民为中心的发展理念一直贯穿着社会主义建设的始终，只有将人民群众始终放在中国特色社会主义建设中的主体地位，做到"一切为了人民"，将发展的着重点都落到人身上，人的解放和人的自由全面发展才会最终实现。

二、解放和发展生产力为人的本质实现提供物质基础

经济解放是实现人的本质的必由之路，而生产力的发展和人民物质生活的充裕是人的本质发展的前提和保障。首先，生产力的发展是人类生存的前提。"人们为了能够'创造历史'，必须能够生活"①，只有人类最基本的生存需求得到满足的前提下，人的主动性和创造性才能得到发挥、自由个性能够形成。其次，生产力的发展是人的发展的物质基础。为了解放和发展生产力我国实行了改革开放并确立了社会主义市场经济体制。社会主义市场经济体制确立的

---

① 马克思恩格斯文集：第 1 卷 ［M］. 北京：人民出版社，2009：531.

这些年，我国经济发展取得了瞩目的成就，这些成就的取得也象征着我国生产力的发展。对于生产力的发展，从质的角度讲，是自然科学技术的增强；从量的角度讲，直接体现在我国国民生产总值的提高。改革开放40余年以来，我国国内生产总值逐年提高，现已成为全球第二大经济体、第一大工业国和第一大贸易出口国。这些举世瞩目的成就是通过改革计划经济体制，实行社会主义市场经济体制而取得的。

1984年，邓小平在思考"何为社会主义"及"如何建设社会主义"的问题时指出，"贫穷不是社会主义，社会主义要消灭贫穷。不发展生产力，不提高人民的生活水平，不能说是符合社会主义要求的"①。1992年，在南方谈话时，邓小平又指出，"社会主义的本质就是解放生产力和发展力，消灭两极分化，达到共同富裕"②。显然，邓小平同志将社会主义市场经济作为解放和发展社会生产力的主要方式。那么，社会主义市场经济又是怎样促进人的发展和人的本质实现的呢？

首先，社会主义市场经济的着眼点在于人的需要的渐次性满足上。社会主义市场经济体制是以"三个有利于"为检验标准，以"共同富裕"为根本目标的经济制度。在2003年中共十六届三中全会通过的《关于完善社会主义市场经济体制若干问题的决定》中，要求以科学发展为指导，全面推进社会主义市场经济体制建设，促进经济社会和人的全面发展。自此以后，我国在经济建设中时刻以

---

① 邓小平文选：第3卷［M］．北京：人民出版社，1993：116．
② 邓小平文选：第3卷［M］．北京：人民出版社，1993：373．

人的物质生活水平的提高和人的需要的满足为根本指标而进行市场经济体制的建设和发展。其一，统筹城乡发展。实行农村土地承包经营权的流转、取消农业税、特产税等，深化户籍制度改革以打破城乡二元结构，改善农村基础医疗，建立覆盖城乡居民的社会保障体系等。其二，实行收入分配制度改革，再分配更加注重公平。其三，转变经济增长模式。将调结构和转变经济增长方式作为减缓人与资源环境之间压力的主要途径，坚持扩大内需、增强自主创新能力等。

其次，社会主义市场经济极大地调动了人的主动性和创造性。改革开放40余年的实践经验表明，市场经济是最富活力和效率的经济体制，它是一种主体性经济，以主体的需要为动力机制，在该动力机制的刺激下，社会发展的各个生产要素得到解放，人的积极性和创造性也得到激活。其一，农民的积极性被调动。家庭联产承包责任制的施行使农民开始自由开展生产经营活动，由此也激发了广大农民进行社会主义建设的热情。其二，企业活力被激发。1984年《中共中央关于经济体制改革的决定》中将增强企业活力作为经济体制改革的中心环节，随后针对国有经济布局又进行了战略调整，实行国企改革等，一系列的政策调整都是为了激发企业在市场竞争中的主体作用。其三，非公有制经济的快速发展。我国在所有制结构上实行的是以公有制为主体多种所有制经济共同发展的政策方针，随着市场经济的发展，非公有制经济在国民经济中的比重也越来越大。

最后，社会主义市场经济推动了人的能力的全面发展。其一，社会主义的市场经济提高了人格素质。市场经济以市场需要作为运行的首要法则，社会资源能够在全社会的范围内自由流动，这在很大程度上实现了人民群众对生产资料的占有及使用。丰富多彩的物质资料也促使了人的个性及人格的发展。其二，市场经济的竞争性促使人的潜能的发展。市场经济中的人靠能力而生存，每个人要想在激烈的市场竞争中获得胜利，就必须最大限度地发挥自身的潜能，由此人的能力也在竞争中得到发展和提升。

总之，社会主义市场经济作为我国解放生产力和发展生产力的主要方式，其在改革开放 40 余年的社会发展实践中取得了丰硕的物质成果，为人的解放和自由全面发展的实现奠定了坚实的物质基础。

三、深化政治体制改革为人的本质实现提供政治保障

十一届三中全会是我国实行政治体制改革的标志。在这次全会中，中国共产党恢复了民主集中制，坚持和发展人民民主，这是我国进入社会主义阶段以来，为实现人的政治解放迈开的第一步。随后，邓小平在《党和国家领导制度的改革》中提出了我国实行政治体制改革的总目标，即充分发扬人民民主，保障全体人民真正享有通过各种形式管理国家，特别是管理基层地方政权和各项企事业的权力，享有各项公民权利，健全民主法制，正确处理人民内部矛盾，打击一切敌对力量和犯罪活动，调动人民群众的积极性，巩固和发

展安定团结、生动活泼的政治局面。① 与此同时，还指出我国政治体制改革的目的，即消除官僚主义，发展社会主义民主，调动人民群众的积极性。该目标的提出也规定了我国在社会主义政治体制改革中的主要内容。其一，克服官僚主义，将权力归于人民，树立以人为本的观念；其二，保障人民群众的政治权益，实行民主法制建设；其三，确保人民群众能够真正地实现自己管理自己的国家，调动人民的政治热情。这三方面政治体制改革的主要内容涵盖了我国实现人的政治解放的全部内容，我国的政治体制改革也一直遵循着"以人为本"的原则，努力将实现人的解放作为根本的政治目标。

首先，实施权力下放，充分调动人民的积极性。高度集权的政治体制不利于人民主体地位的发挥，所以我国政治体制改革的第一步就是下放权力，解决权力集中的问题，将权力向人民、向基层回归。

其次，加强民主政治建设。中国共产党在十五大中明确提出，要实行人民当家作主的民主政治制度；十七大时党中央直接指出，人民民主是社会主义的生命；在我国的宪法中也明确地规定了国家的一切权力属于人民。

最后，克服官僚主义，建设服务型政府。建设服务型政府是中国共产党政治建设的一大成果，它明确表明了政府是人民的政府，"为人民服务"是政府的基本工作准则。在政府机构改革实践中，中国共产党始终将"全心全意为人民群众服务"作为根本宗旨，不断

---

① 邓小平. 党和国家领导制度的改革//中共中央文献编辑委员会. 邓小平文选：第二卷［G］. 北京：人民出版社，1994：322.

加强廉政建设，遏制官员腐败的发生，建立健全监督制度体系，推行干部人事制度改革等，让党员干部时刻谨记"权为民所用，情为民所系，利为民所谋"。

总之，我党一系列的政治体制改革都是建立在"以人为本"思想的基础之上的。从政治制度上，保障人民群众拥有更多的自由、民主，为人的全面发展提供政治保障。

四、进行社会建设为人的本质实现营造良好的社会环境

"环境塑造人"，所以人的发展与人所处的经济、社会交往、政治等的一系列外在环境息息相关。从另一个角度来讲，人的解放和人的自由全面发展都是一个历史过程，该历史过程又是由经济状况、交往关系、农业状况等促成的。我国进行中国特色社会主义建设的过程中，在教育、医疗、住房、社会保障等方面创造了良好的外部环境，为人的本质的实现奠定了基础。

在住房上，保障人民群众都能够"住有所居"。在计划经济时期，我国实行的是福利性住房，即房屋产权归为国家所有，人民只有居住的权利。这种福利性供给制的住房政策造成了人民群众的住房困难。改革开放之后，中国共产党从三方面着手，开始解决住房问题。第一，实行住房制度改革，进行商品房建设。第二，解决和保障弱势群体的住房问题，在农村建立廉租房，保证贫困人口的住房需求。第三，稳定房价。通过这三方面的努力，人民群众的住房问题得到解决，"住有所居"的目标基本得到实现。

在教育上，实现"学有所教"。教育是实现人的发展的重要方法，因为教育能够直接让人掌握劳动技能、获得知识能力等。正如马克思所说："要改变一般的人的本性……就要有一定的教育和训练。"① 我国改革开放40余年以来，为大力发展教育事业，采取了一系列的政策措施。第一，扩大教育规模，发展各类教育，保证群众享有众多的接受教育的机会。第二，实行九年义务教育。第三，高等教育不断扩招，实现高等教育的大众化发展。第四，针对特殊人群办特殊学校，实行特殊教育。第五，由应试教育向素质教育方向发展。第六，解决教育资源分配不均问题，合理配置教育资源，保障教育公平。以上六点反映了中国共产党在教育上的努力，而教育事业的发展也为人的自由全面发展的实现提供了基础性的保障。

在医疗上，实现"病有所医"。健康的体魄是实现人的全面发展的基础和前提，也是人民幸福的根本。中国共产党在2009年公布的《中共中央、国务院关于深化医疗卫生体制改革的意见》中提出，我国要在2011年正式实现基本医疗保障制度覆盖全体城乡居民、城乡基层医疗卫生服务体系基本健全、基本公共卫生服务得到普及、公立医院改革试点取得新的突破、基本医疗卫生服务可及性明显提高，减轻居民就医负担得以减轻等。现在，我国居民的基本医疗得到了保障，"病有所医"已基本实现。

在社会保障上，实现"老有所养"。解决人民群众"老有所养"的根本办法就是建立养老保险制度，以养老保险的方式来保障人民

---

① 马克思恩格斯全集：第23卷［M］. 北京：人民出版社，1972：195.

的老年生活，排解群众的养老之忧。改革开放 40 余年以来，我国将社会保障问题作为社会建设的重要部分，不断探索解决养老问题的新模式、新办法。第一，针对城镇居民实行城镇企业职工养老保险。第二，针对国家机关工作人员建立养老保险制度。第三，针对农村群众，建立农村养老保险制度。由此可见，我国在居民养老问题上，针对不同人群采取了不同的养老保险制度，确保每一个人都能"老有所养"。

总而言之，我党在教育、医疗、住房、社会保障等方面为人的发展和人的本质的实现创造了良好的外部条件，而良好的外部环境也在不断地塑造着人、发展着人。从改革开放 40 余年的历史变迁中，我们也可以看到，人的个性越来越突出，人的发展越来越全面，人的本质也逐渐地从异化的状态下解放出来。此外，新的历史环境也在不断地刺激着人的本质的生成和发展，人离自由全面发展目标的实现越来越近。

五、进行文化建设为人的本质实现构建精神家园

人的本质具有三重属性：自然属性、社会属性和精神属性。人的本质的三重属性决定了人也具有三个层次的需要，即物质需要、社会交往需要及精神文化需要。中国特色社会主义是一个全方位的建设事业，其不仅注重满足人的物质生活需要、社会交往需要，还关注人的精神文化需要。正如温家宝所说，一个国家的兴旺发达，不仅需要强大的经济力量，还需要强大的精神文化的力量，因为文

化是民族的灵魂，是民族力量的决定因素。由此，只有我们不断地满足群众的精神需要，才能更好地促进人的发展和人的现代化，从而实现人的解放和人的全面发展。

树立社会主义的核心价值观，引领时代发展的思想主旋律。人的本质的实现需要科学先进的思想意识形态来引领，只有弘扬社会主义的核心价值观才能塑造出高素质、高觉悟的社会公民，为人的解放和人的发展奠定基础。在党的十七大报告中就曾明确地提出过，要积极的建设社会主义的核心价值体系，引领文化事业的发展。第一，坚持马克思主义思想的指导作用。人的解放和人的自由全面发展的实现是马克思主义的终极目标，马克思主义也为该目标的实现规定了科学的实践路径，即发展生产力，提高物质经济水平；在生产力基础上实施生产关系与上层建筑的变革等。因此，只有始终坚持马克思主义的思想引领，才能实现社会主义的人的发展和人的解放的目标。第二，始终坚持中国特色的社会主义理想。中国特色社会主义建设的共同理想是一个精神纽带，牢牢地将人民群众的思想凝聚起来，形成了社会合力，这股巨大的力量也推动着人的解放事业的前进。第三，始终坚持民族精神和时代精神。民族精神与时代精神是中华民族生存和发展的精神支柱。华夏五千年的历史文明造就了爱国主义的民族精神，这种民族精神代表着中华儿女勤劳、智慧、善良的精神品质，而这些品质也是实现人的全面发展的精神支撑。随着改革开放的伟大实践，我国人民在民族精神的基础上也逐渐形成了改革创新的时代精神，这两种精神成为中华民族实现复兴的精神瑰宝。

发展先进文化。先进文化对意识形态的发展具有指引作用，因此自中华人民共和国成立以来就提倡大力发展先进文化，满足人民群众日益增长的文化需求，丰富人民群众的精神内涵。主要措施包含三点：其一，始终坚持"百花齐放、百家争鸣"的方针政策；其二，坚持对外开放，加强对外文化交流；其三，推行文化创新，激发文化发展活力。通过以上三方面的努力，我国的文化产业繁荣发展，人民的精神生活富足充实。

施行公益性文化，保障群众的文化权益。文化的公益性发展能够保障全体人民群众都能够拥有享受文化的自由和渠道，能够满足全部人民群众的精神文化需求，从而整体提升国民的精神素养，为人的全面发展和人的解放的实现提供思想保障。关于公益性文化，我国采取了一系列的政策措施。其一，努力维护弱势群体的文化权益，确保人民群众能够平等共享文化发展的成果；其二，推动城乡文化事业的发展，着力构建统筹城乡的文化服务体系；其三，实施文化扶助政策。

以上这三点，是我国在中国特色社会主义文化建设的过程中的主要实践经验，其为人的解放和人的全面发展事业的进步起到了积极的促进作用。

第三节　中国特色社会主义实践对推进
人的本质实现的世界意义

　　中国特色社会主义是中国共产党根据我国的具体国情、文化传统、民族特征、群众需求等制定的具有中国特色的社会主义道路，它也是实现人的本质的中国道路。我国自建设中国特色社会主义伟大事业以来，始终以马克思主义为指导，将马克思主义的崇高理想作为自身的价值使命，通过建立市场经济体制来解放和发展生产力；通过树立以人民为中心发展理念，推动政治体制改革、社会建设、文化建设等方式来进行社会主义建设。改革开放 40 余年的翻天巨变就是我党社会主义建设的累累硕果。这些硕果的取得说明了中国特色社会主义道路的科学性和正确性。中国特色社会主义道路作为世界共产主义运动的一部分，其在中国的成功经验也为世界其他国家实现人的解放和自由且全面发展提供了深刻借鉴意义。

一、马克思主义具有指引人类未来的真理和道义力量

　　"马克思主义"是中国共产党人的精神信仰，也是我国从社会主义革命、建设到改革取得巨大胜利的思想源泉。习近平在纪念马克思诞辰 200 周年大会上的讲话中就曾指出过，马克思主义是马克思留给我们的最具价值和影响力的精神财富，这一理论就像壮丽的日

出，照亮了人类探索历史规律及寻求自身解放的道路。① 马克思主义的科学理论传入中国以来，就与中华人民争取民族独立、实现人的解放的实践结合起来，创造了一个个伟大的中国奇迹。可以说，中华人民共和国成立 70 周年、改革开放 40 多年的历史史实验证了马克思主义的科学性和实践性，由此，在中国特色社会主义进入新时代以来，中国共产党依然将坚持和发展马克思主义作为时代发展的主题。

马克思主义理论体系之所以成为我党始终要坚守的精神信仰，是因为马克思主义理论的本质及价值目标正是我党所追求的方向。具体来讲，马克思主义理论内含了两个基本要素：价值和逻辑。价值就是马克思主义所要追寻的目标方向，即人的本质的实现；逻辑就是马克思主义实现其目标的方法，即唯物辩证法。价值与逻辑统一于实现人类解放和自由全面发展的伟大实践——共产主义运动（中国特色社会主义建设）之中。马克思主义所肩负的历史使命就是让所有无产者摆脱一切压迫与剥削，翻身成为世界的主人，成为一个自由且全面发展的人。换而言之，马克思主义是一个关于人类解放及无产阶级革命的理论体系，其将为人民群众谋取幸福与发展作为自己的崇高价值追求。马克思主义不仅规定了价值方向，还规定了实现价值方向所应该遵循的方法，即唯物辩证法。马克思的唯物辩证法就是将辩证法、唯物论、价值论统一于实现人的解放及自由全面发展的人类实践之中。那么，何为唯物论？唯物论就是实事求

---

① 习近平. 在纪念马克思诞辰 200 周年大会上的讲话［M］. 北京：人民出版社，2018：6.

是，从实际出发，按照事物的本来面目去看待客观存在的事物。何为辩证法呢？马克思说："辩证法在对现存事物的肯定理解中同时包含着对现存事物的否定理解，即对现存事物的必然灭亡的理解。"①换句话说，在辩证法中，世间的任何事物都是处在不断地运动当中，并没有静止不变的事物。唯物论与辩证法的结合就是唯物辩证法，它要求依据事物的原貌去认识客观存在的事物，但又必须以发展的眼光不断修正对客观事物的认识。由此可见，辩证法与唯物论是彼此统一的整体。也就是说，马克思主义中蕴含的辩证法就是唯物辩证法，而马克思主义中所蕴含的唯物论也就是辩证唯物论。② 无论是辩证唯物论还是唯物辩证法都要求在认识世界和改造世界的过程中做到具体问题具体分析。我党对待马克思主义的态度就是坚持与发展，换而言之，也就是以唯物辩证法的方式实现人的解放和自由且全面发展。

通过以上论述可以推出这样的结论和启发：马克思主义中所蕴含的价值理想——人的解放和自由全面发展的实现，不仅是全中国人民的理想，也是全人类的共同理想；而马克思主义中蕴含的实现理想的方法——唯物辩证法，经中国特色社会主义的实践检验是正确的、科学的。由此，各个国家要想实现人的解放和人的自由且全面发展的目标，就应该与中国一样，始终将坚持和发展马克思主义作为时代发展的主题。

---

① 马克思恩格斯文集：第5卷［M］．北京：人民出版社，2009：43.
② 董振华．马克思主义的"道"与社会主义的"理"［N］．光明日报，2017 - 07 - 22.

二、社会主义不可能定于一尊

何为社会主义？何为马克思主义？这是邓小平理论的首要问题。1984 年 6 月，邓小平接见外国客人时指出："什么叫社会主义，什么叫马克思主义？我们过去对这个问题的认识不是完全清醒的。"①1989 年 5 月，邓小平再次指出："多年来，存在一个对马克思主义、社会主义的理解问题。"② 邓小平同志反复地在不同场合同时强调社会主义和马克思主义的问题，是因为在邓小平同志看来这两个问题本质上其实是一个问题，确切地说，是同一个问题的两个不同方面。换句话说，马克思主义的崇高理想——人的本质的实现，蕴含在共产主义运动的实践之中。社会主义作为人的本质的一种实现方式，它的概念内涵深深的蕴含在马克思主义中。也就是说，要想搞清楚何为社会主义？首先就得清楚何为马克思主义。我们对马克思主义的认识，通常是从三个方面来理解的，即马克思主义的三个组成部分：科学社会主义、马克思主义哲学、政治经济学。在第二章对马克思的思想演进进行梳理的时候就曾谈到过，马克思对人的本质的探索是贯穿这三部分的中心线索，人的本质的实现也是这三部分共同的价值导向。由此，我们可以说，马克思主义理论的灵魂或价值追求就是人的本质的最终实现。所以说，无论马克思主义有多少种实践方式和表达方式、有多少种不同的信仰者或追随者，其最终的

---

① 邓小平文选：第 3 卷 ［M］. 北京：人民出版社，1993：63.
② 邓小平文选：第 3 卷 ［M］. 北京：人民出版社，1993：291.

价值指向是相同的，即人的本质的实现——人的自由且全面发展。由此，我们也得出了社会主义与马克思之间的关系，社会主义是马克思主义实现崇高价值的方式，二者之间是密切不可分离的，离开了社会主义，马克思主义的崇高理想只能沦为空想；相反，离开了马克思主义，社会主义就失去了方向。

通过以上分析我们可以得出这样的结论，无论马克思主义有多少种理论形态，其价值追求却只有一个，即人的本质的实现；相反，人的本质实现的方式——共产主义运动（社会主义）却有成千上百种，中国特色社会主义只是其中的一种。但是，值得注意的是，中国特色社会主义实践的成功并不能说明它是放之四海皆准的真理，它只是符合中国国情的、具有中国特色的共产主义运动方式。同理，东欧剧变、苏联解体并不能说共产主义的运动方式有误，只能说在共产主义的实践方式上并没有做到具体问题具体分析、没有与本民族的文化传统、人民具体需求等结合起来。总而言之，从中国特色社会主义的成功经验和苏联等的失败经验上可以总结出这样的结论：共产主义运动作为实现人的本质的具体路径，在具体运用的过程中应该与具体的国情结合起来，而这也是符合马克思主义唯物辩证法的方法内核的。

结　语

人的本质观是马克思哲学思想的中心线索。本书以马克思人的本质思想为主题，立足于经典文本，系统分析和梳理了马克思人的本质观的理论渊源、思想演变历程、理论内涵及实现路径。通过系统分析可以发现，马克思的整个哲学思想（尤其是唯物史观）都是围绕着人的本质的发展而逐渐生成的。换而言之，马克思人的本质观作为其整个学说的主体概念，在其整个思想体系中占据着基础性地位。那么，通过对马克思人的本质思想的系统梳理，我们对马克思的哲学思想有什么样的思考呢？应该得出什么样的结论呢？

一、正确认识人的本质的揭示与唯物史观的创立之间的关系

在对马克思人的本质观的思想演变历程进行梳理的时候，我们发现，唯物史观的创立与马克思对人的本质的揭示密切相关。那么它们之间究竟什么样的关系，应该进行清晰说明。当人类社会发展到马克思生活的时代后，无产阶级与"人类解放"的问题已经提上

日程。科学揭示人的本质及其历史发展，建立人与人之间的合理关系已成为亟待解决的问题。青年马克思正是适应时代发展的需要，通过批判地继承前人优秀的思想文化成果及勤奋的理论探索和实践斗争，逐渐发现了人的本质的奥秘，并创立了唯物史观。当然，将唯物史观的创立看成仅仅与人的本质的揭示相关，这种观点是不对的。唯物史观的创立与马克思对很多问题的研究都息息相关，而人的本质只是其中最为重要的一方面。我们在探讨唯物史观的创立时，千万不能将唯物史观的形成看作为是辩证唯物主义在社会历史领域的简单推论，这是一种背离历史事实的说法。旧唯物主义者只是将唯物主义原则用来认识自然界，而马克思是第一个将唯物主义原则用来认识人类社会的哲学家。马克思之所以能够将唯物主义运用到社会历史领域，是因为马克思将唯物主义与辩证法紧密结合，运用辩证唯物主义来理解和分析社会现象，马克思的这个突破与其对人的本质及其历史发展的探讨是密切相关的。

　在马克思的哲学思想中，"物质生活资料的生产方式是整个社会生活的基础"这个唯物史观的基本命题与"社会实践是认识的基础"这个辩证唯物主义的基本命题是一致的。正是由于前者科学揭示了人的社会性，所以才将社会实践作为认识的基础，从而实现认识论的重大变革；正是因为后者辩证说明了社会存在决定社会意识，并实现了历史观的巨大变革，因此证明了历史唯物主义和辩证唯物主义是一个密不可分的整体。这个整体存在于人类社会的发展史中。历史唯物主义中"凝结"着辩证唯物主义，而辩证唯物主义中也"渗透"着历史唯物主义，而将二者联系起来的纽带正是人的本质，即社会实践。

二、通过对人的本质观的系统梳理，正确认识"早期马克思" 与"成熟马克思"思想上的区别与联系

国内外学术界围绕着"该如何评价早期马克思与成熟时期马克思的哲学思想"的争论非常激烈。在西方哲学界，有两种对立的观点：其一，以"早期马克思"的思想否定"成熟期马克思"的思想；其二，以"成熟期马克思"的思想批判"早期马克思"的思想，将"成熟期马克思"的思想与"早期马克思"的思想之间的差别夸大化，否定两者之间的联系。通过对马克思人的本质思想的系统梳理，我们可以发现，马克思的哲学思想的整个生成发展的过程与一般事物一样，都经历了一个由量变到质变、由部分量变到部分质变的发展过程。以马克思哲学思想发展过程中的根本质变为尺度，将马克思的思想分为"早期"和"成熟期"这是合理的。通过正文第二章对马克思人的本质观思想的演变历程的分析，我们发现其思想的根本质变发生在《关于费尔巴哈的提纲》和《德意志意识形态》这两部著作中，在《关于费尔巴哈的提纲》中马克思彻底地与费尔巴哈划清了界限，而在《德意志意识形态》一文中，马克思唯物史观与科学的人的本质观正式诞生了。由此，要科学合理地区分两个不同时期的马克思的话，应该以《关于费尔巴哈的提纲》和《德意志意识形态》为界点。西方思想界将《1844 年经济学哲学手稿》作为划分前后两个马克思的分界点的说法是错误的、不科学的。

但值得强调的是，这样的划分仅仅是为了形象地了解马克思的思想演变历程，方便清楚直观地了解早期马克思的思想与成熟时期马克思的思想之间的区别与联系，并不意味着承认有截然对立的"两个马克思"。

以科学的人的本质观的发现与唯物史观的创立为标志，将马克思的哲学思想划分为"早期"和"成熟期"两个阶段，有助于我们更加清晰地了解马克思思想演变的整个历程。从人的本质观的生成史来看，马克思在这两个不同时期的哲学思想呈现出明显的质的区别，而这两种区别归根结底就在于两种世界观和方法论的区别。由此，否定这种区别本质上就是对两种世界观和方法论之间的对立性的否定，这明显是错误的做法。然而，从另一个角度来看，马克思人的本质思想的生成经历了一个从孕育、成型、发展和深化的过程，这又说明了马克思前后两个阶段的思想之间存在着密不可分的内在联系。

从全局的角度来讲，马克思早期的思想确实是不成熟的，但是我们不能否认的是，在这些不成熟的早期思想中却蕴含着"成熟思想"的胚芽，而其成熟时期的思想也正是由这些胚芽逐步发展而来的。可以说，无论是唯物史观还是科学的人的本质观都不是马克思"灵感乍现"而来的，而是经历了一个孕育、成型和发展深化的过程。由此，我们不能割裂马克思"成熟时期的思想"与"早期思想"之间的关系，而应该以辩证的、发展的、联系的观点看待马克思哲学思想的发展。既要看到其思想中的量变，也要看到其思想中的质变；既要看到思想中部分量变还要看到部分质变，只有这样我们才能准确把握其思想发展的连续性。

参考文献

一、中文文献

（一）著作类

［1］马克思恩格斯文集：第1—10卷［M］．北京：人民出版社，2009.

［2］马克思恩格斯全集：第2卷［M］．北京：人民出版社，2005.

［3］马克思恩格斯全集：第3卷［M］．北京：人民出版社，2002.

［4］马克思恩格斯全集：第1卷［M］．北京：人民出版社，1995.

［5］马克思恩格斯全集：第40卷［M］．北京：人民出版社，1982.

［6］马克思恩格斯全集：第42卷［M］．北京：人民出版社，1979.

［7］马克思恩格斯全集：第2卷［M］．北京：人民出版社，1979.

［8］马克思恩格斯全集：第1卷［M］．北京：人民出版社，1956.

[9] 列宁全集：第18卷［M］．北京：人民出版社，1988.

[10] 列宁全集：第55卷［M］．北京：人民出版社，1990.

[11] 邓小平文选：第3卷［M］．北京：人民出版社，1993.

[12] 陈志尚，等．人学新论：马克思主义人学基本理论和重大现实问题研究［M］．北京：人民出版社，2015.

[13] 余明．人的本质［M］．汕头：汕头大学出版社，1997.

[14] 吴晓明．历史唯物主义的主体概念［M］．上海：上海人民出版社，1993.

[15] 韩庆祥．马克思开辟的道路——人的全面发展研究［M］．北京：人民出版社，2005.

[16] 袁贵仁．马克思主义人学理论研究［M］．北京：北京师范大学出版社，2012.

[17] 杨适．人的解放——重读马克思［M］．成都：四川人民出版社，1997.

[18] 高清海．人就是"人"［M］．沈阳：辽宁人民出版社，2002.

[19] 冯景源．人类境遇与历史时空：马克思《人类学笔记》《历史学笔记》研究［M］．北京：中国人民大学出版社，2004.

[20] 王晓红．现实的人的发现——马克思对人性理论的变革［M］．北京：北京师范大学出版社，2011.

[21] 周国平．人性的哲学探讨［M］．北京：生活·读书·新知三联书店，2016.

[22] 北京大学哲学系．马克思主义与人［M］．北京：北京大

学出版社，2006.

[23] 刘大枫．北京大学哲学系．西方哲学原著选读：上卷［M］．北京：商务印书馆，1981.

[24] 北京大学哲学系．西方哲学原著选读：下卷［M］．北京：商务印书馆，1981.

[25] 北京大学哲学系．古希腊罗马哲学［M］．北京：商务印书馆，1982.

[26] 夏甄陶．人是什么［M］．北京：商务印书馆，2000.

[27] 董振华．创新实践论［M］．北京：人民出版社，2011.

[28] 董振华．创新劳动论——从经济学到哲学的理论思考［M］．北京：中共中央党校出版社，2005.

[29] 王锐生，景天魁．论马克思关于人的学说［M］．沈阳：辽宁人民出版社，1984.

[30] 李云峰．马克思学说中人的概念［M］．北京：人民出版社，2007.

[31] ［古希腊］亚里士多德．尼各马可伦理学［M］．廖申白，译．北京：商务印书馆，2003.

[32] ［古罗马］奥古斯丁．忏悔录［M］．周士良，译．北京：商务印书馆，1997.

[33] ［英］霍布斯．利维坦［M］．黎思复，黎廷弼，译．北京：商务印书馆，1986.

[34] ［英］洛克．人类理解论：上册［M］．关文运，译．北京：商务印书馆，2015.

[35]〔法〕孟德斯鸠.论法的精神:上卷〔M〕.许明龙,译.北京:商务印书馆,2009.

[36]〔法〕孟德斯鸠.论法的精神:下卷〔M〕.许明龙,译.北京:商务印书馆,2009.

[37]〔法〕卢梭.社会契约论〔M〕.何兆武,译.北京:商务印书馆,2003.

[38]〔德〕康德.道德形而上学原理〔M〕.苗力田,译.上海:上海人民出版社,1986.

[39〔德〕黑格尔.哲学史讲演录:第1卷〔M〕.贺麟,王太庆,译.北京:商务印书馆,1997.

[40]〔德〕黑格尔.精神现象学:上卷〔M〕.贺麟,王玖兴,译.北京:商务印书馆,1979.

[41]〔德〕黑格尔.精神现象学:下卷〔M〕.贺麟,王玖兴,译.北京:商务印书馆,1979.

[42]〔德〕黑格尔.法哲学原理〔M〕.范扬,张企泰,译.北京:商务印书馆,1961.

[43]〔德〕黑格尔.小逻辑〔M〕.贺麟,译.北京:商务印书馆,1979.

[44]〔德〕费尔巴哈.费尔巴哈哲学著作选:上卷〔M〕.荣震华,李金山,等译.北京:商务印书馆,1984.

[45]〔德〕费尔巴哈.费尔巴哈哲学著作选:下卷〔M〕.荣震华,王太庆,刘磊,译.北京:商务印书馆,1984.

[46]〔法〕萨特.辩证理性批判:上卷〔M〕.林骧华,等译.

合肥：安徽文艺出版社，1998.

[47] [法] 萨特. 辩证理性批判：下卷 [M]. 林骧华，等译.
合肥：安徽文艺出版社，1998.

[48] [匈] 马尔库什. 马克思主义与人类学——马克思哲学关于"人的本质"的概念 [M]. 李斌玉，孙建茵，译. 哈尔滨：黑龙江大学出版社，2011.

[49] [苏] 鲍·季·格里戈里扬. 关于人的本质的哲学 [M]. 汤侠声，李昭时，等译. 北京：生活·读书·新知三联书店，1984.

[50] [德] 弗洛姆. 马克思关于人的概念 [M]. 徐纪亮，张庆熊，译. 香港：旭日出版社，1987.

[51] [美] 赫伯特·马尔库塞. 单面人 [M]. 左晓斯，张宜生，肖滨，译. 长沙：湖南人民出版社，1988.

[52] [德] 恩斯特·卡西尔. 人论 [M]. 甘阳，译. 上海：上海译文出版社，2013.

[53] [法] 卢梭. 爱弥儿：上卷 [M]. 李平沤，译. 北京：商务印书馆，1978.

[54] [英] 托马斯·莫尔. 乌托邦 [M]. 戴镏龄，译. 北京：商务印书馆，2008.

[55] [英] 洛克. 教育漫话 [M]. 徐诚，杨汉麟，译. 石家庄：河北人民出版社，1998.

[56] [法] 卢梭. 社会契约论 [M]. 何兆武，译. 北京：商务印书馆，2003.

（二）论文类

［1］贺来，张欢欢．"人的本质是一切社会关系的总和"意味着什么［J］．学习与探索，2014（09）．

［2］张奎良．马克思人的本质思想的全景展示［J］．天津社会科学，2014（01）．

［3］张帆．对人的本质的再认识［J］．西安交通大学学报（社会科学版），2013，33（06）．

［4］唐淑凤．人的本质研究的哲学史进路［J］．社会科学辑刊，2011（04）．

［5］赵伟．马克思人的本质理论的内在逻辑及其当代启示［J］．江汉论坛，2011（02）．

［6］钟彬．从马克思的早期著作来看人的本质思想的规定［J］．求索，2009（04）．

［7］方同义，黄瑞瑞．人的本质是现实性与可能性的辩证统一——马克思关于人的本质理论的重新解读和阐释［J］．江汉论坛，2009（04）．

［8］郑冬芳，王宏波．论马克思"人的本质"思想的形成过程和发展脉络［J］．教学与研究，2009（02）．

［9］方同义，黄瑞瑞．马克思人的本质理论的重新解读与探讨［J］．浙江社会科学，2008（12）．

［10］彭修银，张子程．马克思关于人的本质的美学维度解读［J］．马克思主义与现实，2008（03）．

［11］程家明．可能性视野下的人的本质［J］．江汉论坛，2008（02）．

［12］张守奎．生存论视阈下的人的本质观［J］．江汉论坛，2007（12）．

［13］聂立清，郑永廷．人的本质及其现代发展——对马克思人的本质思想的再认识［J］．现代哲学，2007（02）．

［14］张丽君．马克思关于人的本质思想的基本理路［J］．内蒙古大学学报（人文社会科学版），2006（05）．

［15］徐长福．人的价值本质与事实本质的辩证整合——马克思关于人的本质的思想及其解释过程新探［J］．中山大学学报（社会科学版），2003（05）．

［16］王善超．论亚里士多德关于人的本质的三个论断［J］．北京大学学报（哲学社会科学版），2000（01）．

［17］李红珍．人性的异化与回归：弗洛姆人性异化论新探［J］．东南学术，2013（03）．

［18］刘同舫．人性问题与马克思的人性解放意蕴［J］．学术研究，2013（02）．

［19］王文兵．科技时代的人性自觉［J］．自然辩证法研究，2005（11）．

［20］张之沧．论人性的异化和社会的开放［J］．东南大学学报（哲学社会科学版），2000．

［21］朱德生．所谓人性"异化"问题［J］．北京大学学报（哲学社会科学版），1984（02）．

［22］刘金联．略论异化社会中非异化的人［J］．武汉大学学报（社会科学版），1982（06）．

［23］人性的"异化"并非人性的泯灭［J］．文艺理论研究，1981（03）．

［24］杨晓．创造价值抑或发现价值——以赛亚·伯林基于"人的本质"的人性论探析［J］．社会科学家，2014（08）．

［25］陈力丹，王海．马克思：人的本质是人的真正的社会联系［J］．新闻界，2014（03）．

［26］张奎良．马克思人的本质思想的全景展示［J］．天津社会科学，2014（01）．

［27］李继武．论马克思人的本质观真谛——兼与张奎良先生商榷［J］．齐鲁学刊，2014（01）．

［28］张帆．对人的本质的再认识［J］．西安交通大学学报（社会科学版），2013，33（06）．

［29］王志强．对马克思两种"人的本质"理论关系的再解读［J］．中国青年政治学院学报，2013，32（03）．

［30］员俊雅．马尔库什对马克思"人的本质"概念的解读［J］．求是学刊，2013，40（03）．

［31］艾四林，刘伟．马克思对形而上学的扬弃及其实现的人的本质的革命［J］．高校理论战线，2013（02）．

［32］颜岩．东欧新马克思主义视域中的"人的本质"概念——评马尔库什对马克思"人的本质"概念的解读［J］．国外社会科学，2013（01）．

［33］余建军，陈晶．人的本质问题研究［J］．山西财经大学学报，2012，34（S5）．

［34］孔德生，丛建伟，张萍．"完整的人"与人的本质的全面实现——马克思人的本质理论的终极指向及其实践意义［J］．理论探讨，2012（06）．

［35］杨涯人．马克思哲学中的人性范畴及关于人的本质的论断［J］．哲学研究，2012（10）．

［36］庄玉瑞．论人的本质属性［J］．科学社会主义，2012（05）．

［37］曹百瑛．马克思人的本质及人的全面发展理论再省思［J］．理论探讨，2012（05）．

［38］赵磊．人的本质的哲学解读——基于历史与逻辑的分析［J］．社会科学家，2012（06）．

［39］邢丽．从人的本质和需求属性来看待经济发展［J］．中共中央党校学报，2011，15（05）．

［40］郗戈．历史性视域与现代主体性哲学的命运——以马克思与海德格尔的"人的本质"理论为中心［J］．人文杂志，2011（05）．

［41］李淑梅．马克思早期对人的本质理解方式的变化［J］．河北学刊，2011，31（05）．

［42］张奎良．关于马克思人的本质问题的再思考［J］．哲学动态，2011（08）．

［43］唐淑凤．人的本质研究的哲学史进路［J］．社会科学辑

刊，2011（04）．

　　[44] 赵伟．马克思人的本质理论的内在逻辑及其当代启示 [J]．江汉论坛，2011（02）．

　　[45] 陈新夏．人性与人的本质及人的发展 [J]．哲学研究，2010（10）．

　　[46] 张本林．马克思研究人的本质的三个视角及其逻辑关系 [J]．江汉论坛，2010（04）．

　　[47] 洪波．需要、消费与人的本质——基于马克思哲学视角的分析 [J]．河北学刊，2010，30（02）．

　　[48] 康渝生．对人的本质的真正占有——马克思主义哲学的文化指归 [J]．理论探讨，2009（06）．

　　[49] 钟彬．从马克思的早期著作来看人的本质思想的规定 [J]．求索，2009（04）．

　　[50] 丁立卿，胡海波．论人的"本质交换"——理解马克思人性观的一种视角 [J]．理论探讨，2008（01）．

　　[51] 孙熙国．唯物史观的创立与人的本质的发现——从《关于费尔巴哈的提纲》一处误译谈起 [J]．哲学研究，2005（11）．

　　[52] 危玉妹．互利："经济人"的本质、文明社会的法则——亚当·斯密"经济人"的重新解读 [J]．求索，2005（07）．

　　[53] 陶富源．人的本质新解 [J]．哲学研究，2005（02）．

　　[54] 王向清，李伏清．冯契对人的本质的新见解 [J]．哲学研究，2004（12）．

　　[55] 张伟胜．自由与人的本质 [J]．浙江社会科学，2004

（05）．

　　［56］曾永成．人的本质：从费尔巴哈到马克思——对《关于费尔巴哈的提纲》中一个重要观点的理解［J］．现代哲学，2004（02）．

　　［57］迪丽娜尔·阿布里孜．试论人性与人的本质［J］．北京大学学报（哲学社会科学版），2003（S1）．

　　［58］孙萌．试论马克思关于人的本质的思想［J］．陕西师范大学学报（哲学社会科学版），1998（01）．

　　［59］陈家长．从《德意志意识形态》看马克思关于人的本质观的革命变革［J］．郑州大学学报（哲学社会科学版），1997（06）．

　　［60］刘晓英．立体的实践和立体的人——兼论马克思探讨人的本质的理论定位［J］．理论探讨，1997（06）．

　　［61］邹诗鹏．人的本质三议［J］．社会科学辑刊，1997（03）．

　　［62］赵军武．人的本质研究简述［J］．哲学动态，1996（11）．

　　［63］邹诗鹏．对象化与人的本质活动［J］．河北学刊，1996（06）．

　　［64］岳勇．人的本质：马克思的三个命题与方法论转换［J］．福建论坛（文史哲版），1996（03）．

　　［65］程家明．近十年人的本质问题研究述介［J］．哲学动态，1994（12）．

　　［66］杨耕，郭利．人的本质：三种整体的探讨——论费尔巴哈、舍勒、马克思对人的本质的理解［J］．社会科学战线，1989（03）．

[67] 袁贵仁，韩震. 论人性、人的本质和人的主体性的相互关系 [J]. 求索，1988（04）.

[68] 韩震，袁贵仁. 试论统一的人的本质的两种规定性 [J]. 人文杂志，1988（01）.

[69] 黄楠森. 人的本质的异化不是一个科学的概念 [J]. 北京大学学报（哲学社会科学版），1987（03）.

[70] 王伟光. 马克思论人的本质和他的科学世界观的形成 [J]. 马克思主义研究，1985（03）.

[71] 冯景源. 马克思对人的本质的批判研究在唯物史观制定中的意义 [J]. 马克思主义研究，1984（03）.

[72] 任中夏. 两种对立的人的本质观 [J]. 人文杂志，1984（04）.

[73] I. 罗斯卡，张伯霖. 马克思青年时代的著作和人的本质 [J]. 哲学译丛，1983（03）.

[74] 邓晓芒. 人的本质力量与移情 [J]. 国内哲学动态，1983（01）.

[75] 黄枬森. 试评人的本质的异化 [J]. 北京大学学报（哲学社会科学版），1982（05）.

[76] 施德福，余其铨. 人的本质观上的革命变革 [J]. 北京大学学报（哲学社会科学版），1982（05）.

[77] 何睿. 试论马克思人的本质观的发展 [J]. 陕西师范大学学报（哲学社会科学版），1998（01）.

[78] 董振华. 马克思主义的"道"与社会主义的"理" [N].

光明日报，2017 - 07 - 22.

二、外文文献

［1］TOEWS J E. Hegelianism：The Path toward Dialectical Humanism，1805—1841 ［M］. Cambridge：Cambridge University Press，1980.

［2］SHAW W H. Marx's Theory of History ［M］. San Francisco：Stanford University Press，1978.

［3］PLAMENATZ J. Karl Marx's Philosophy of Man ［M］. Oxford：Oxford University Press，1975.